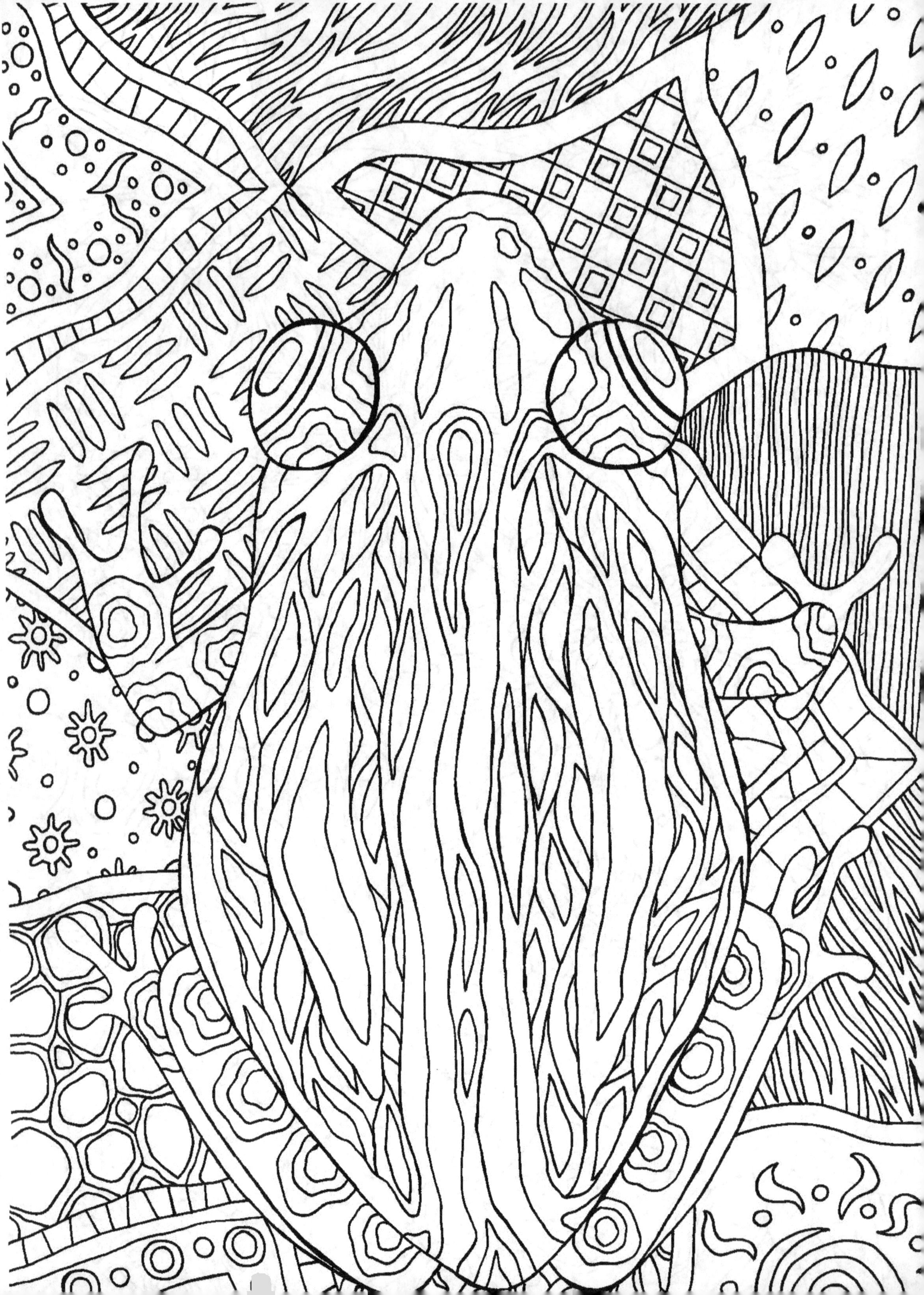

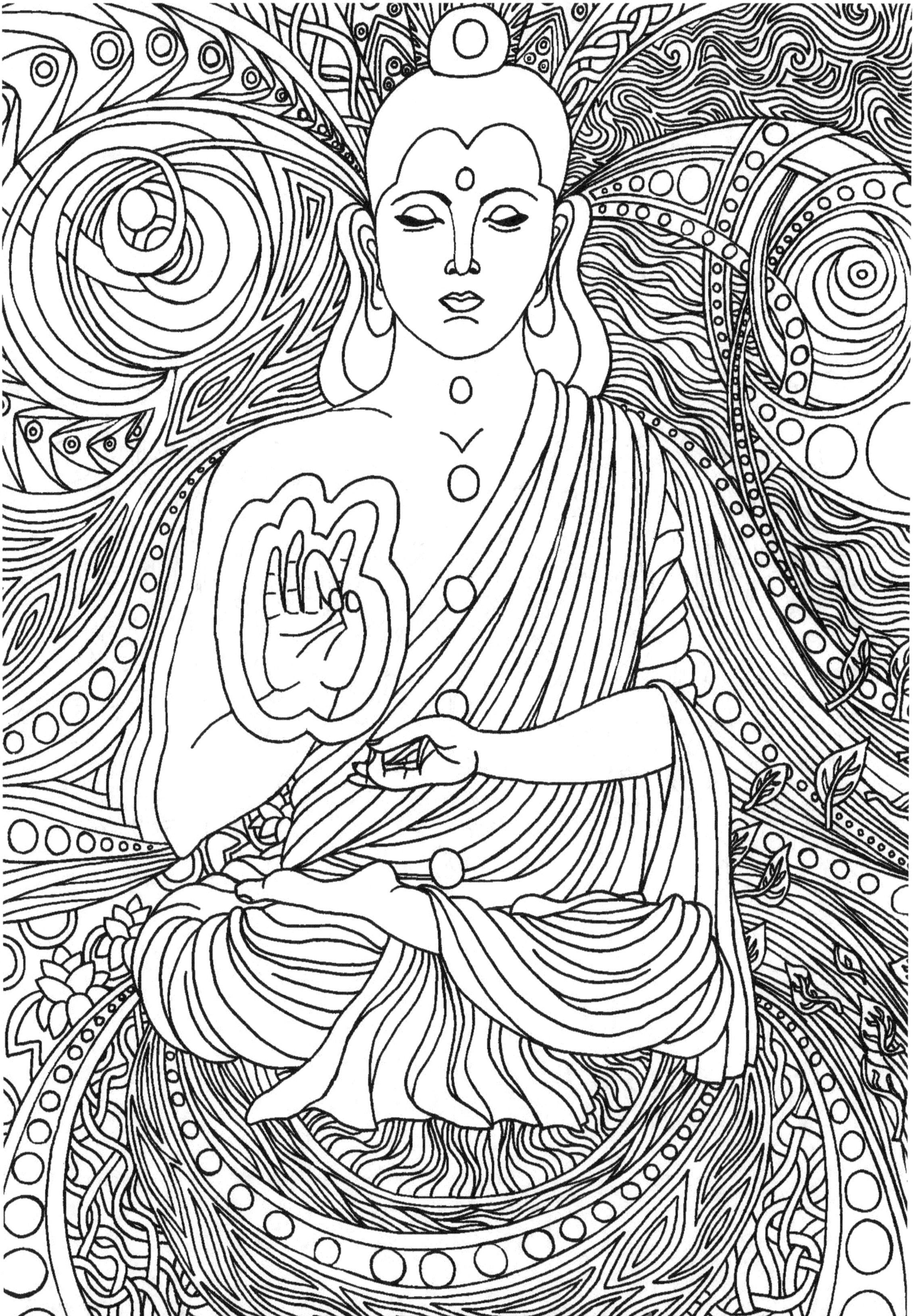

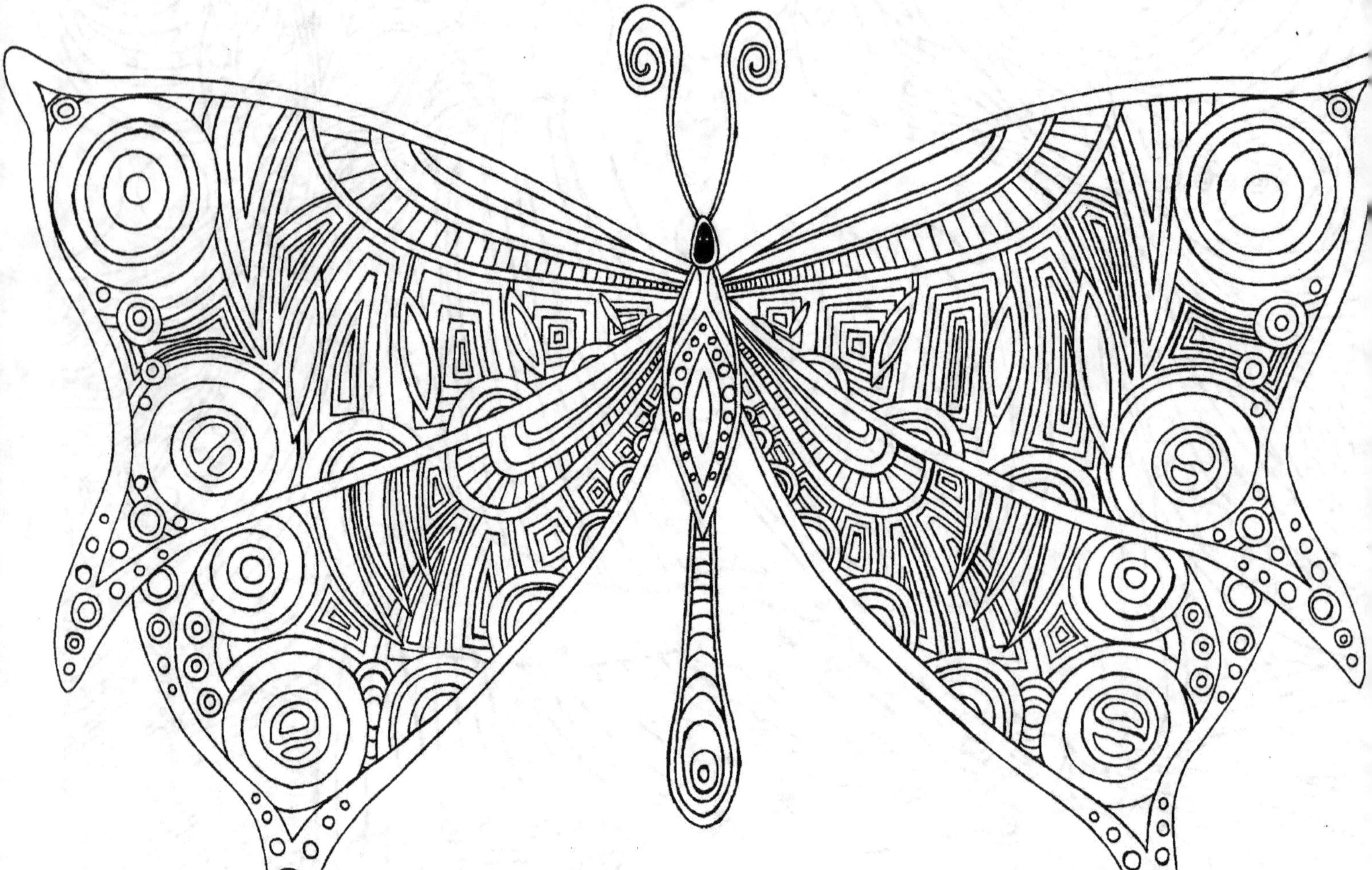

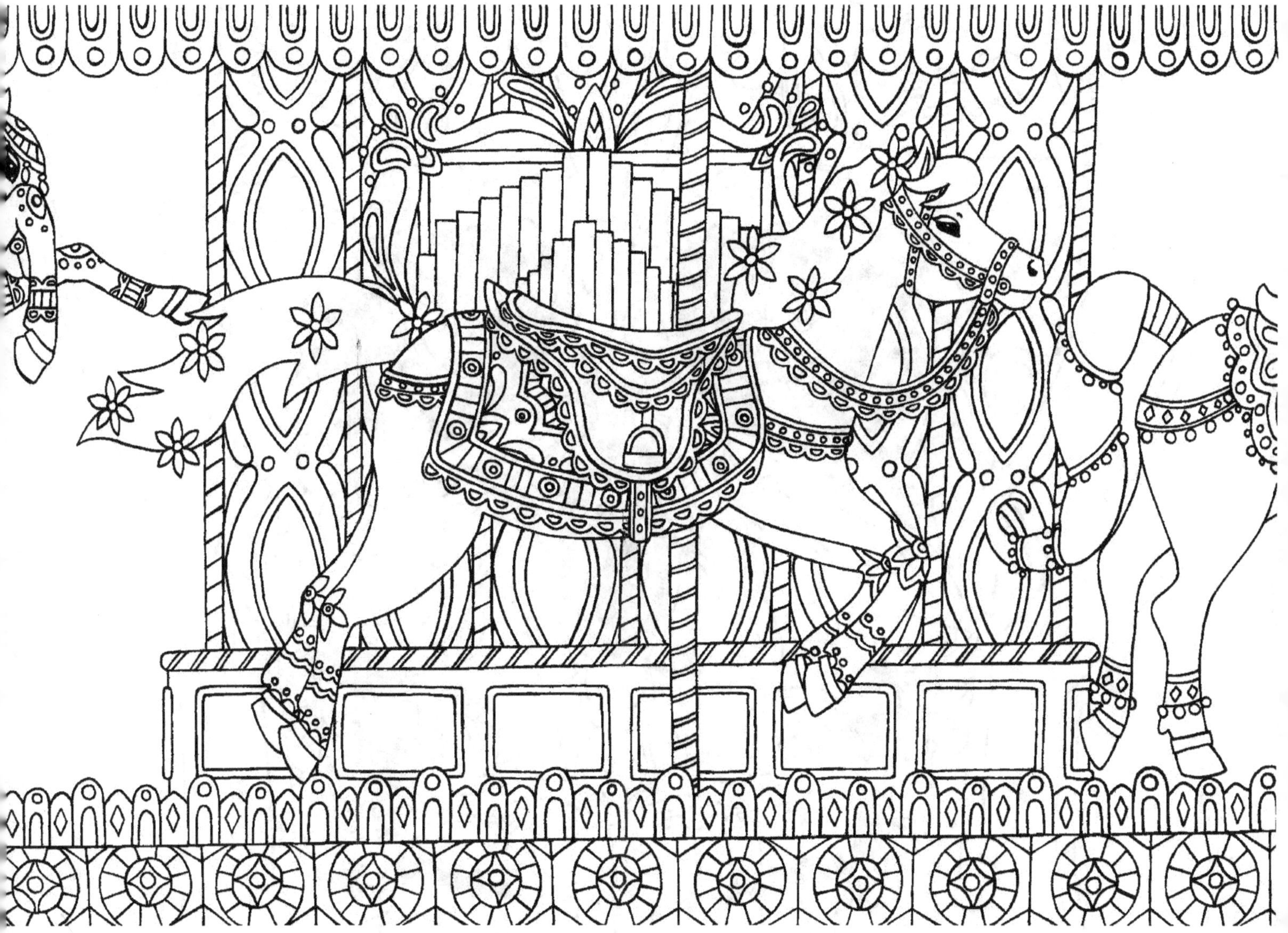

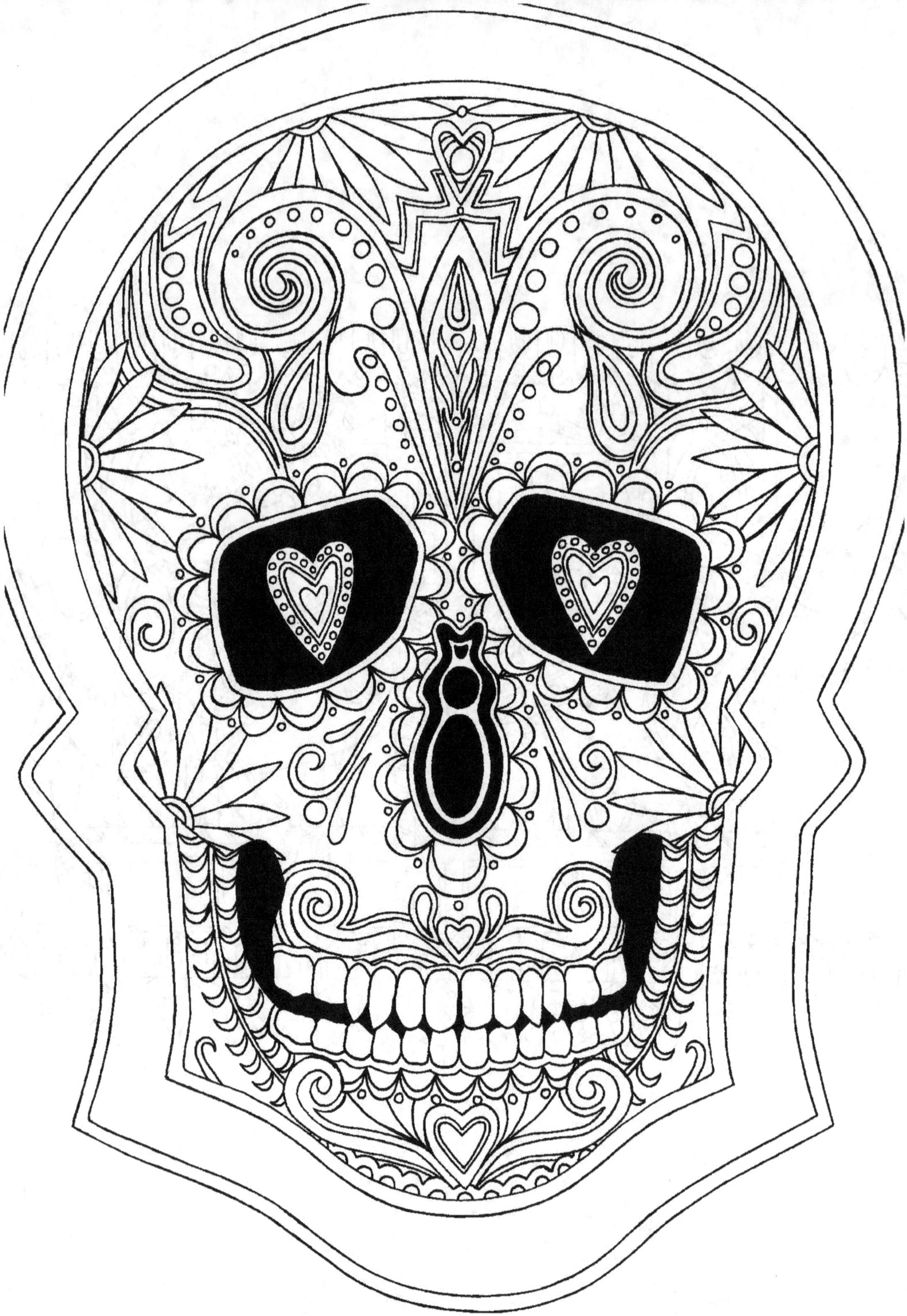

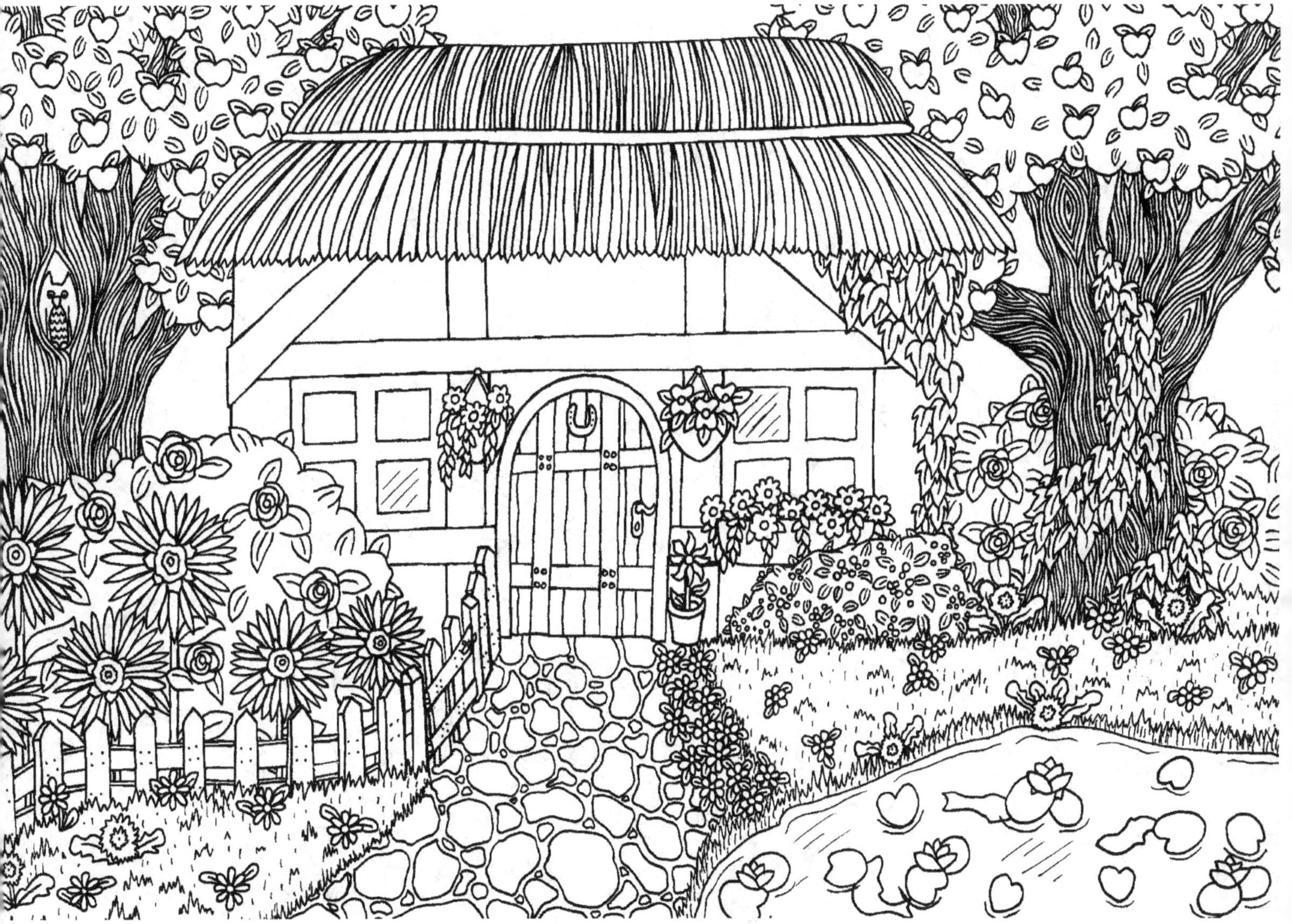

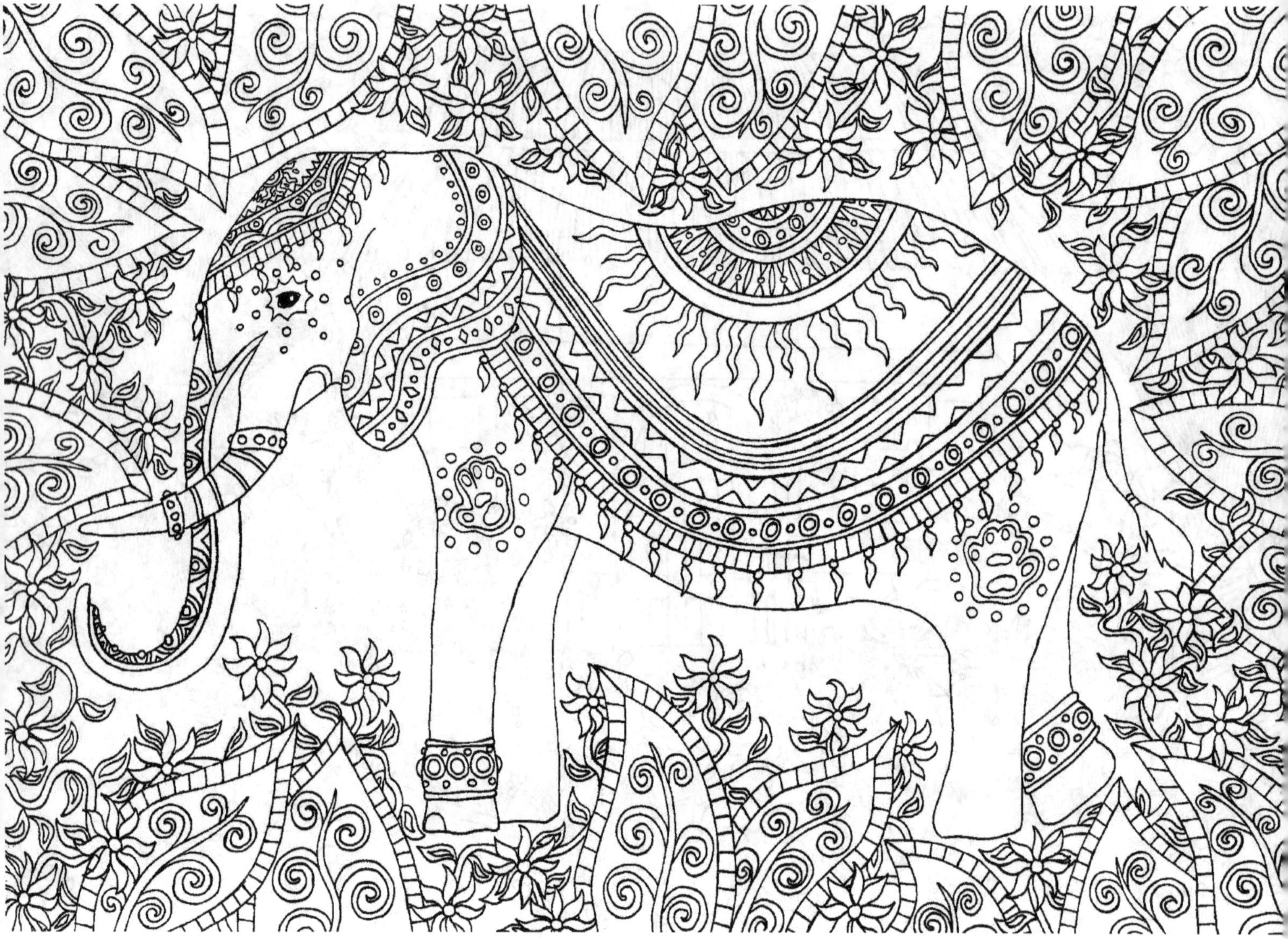

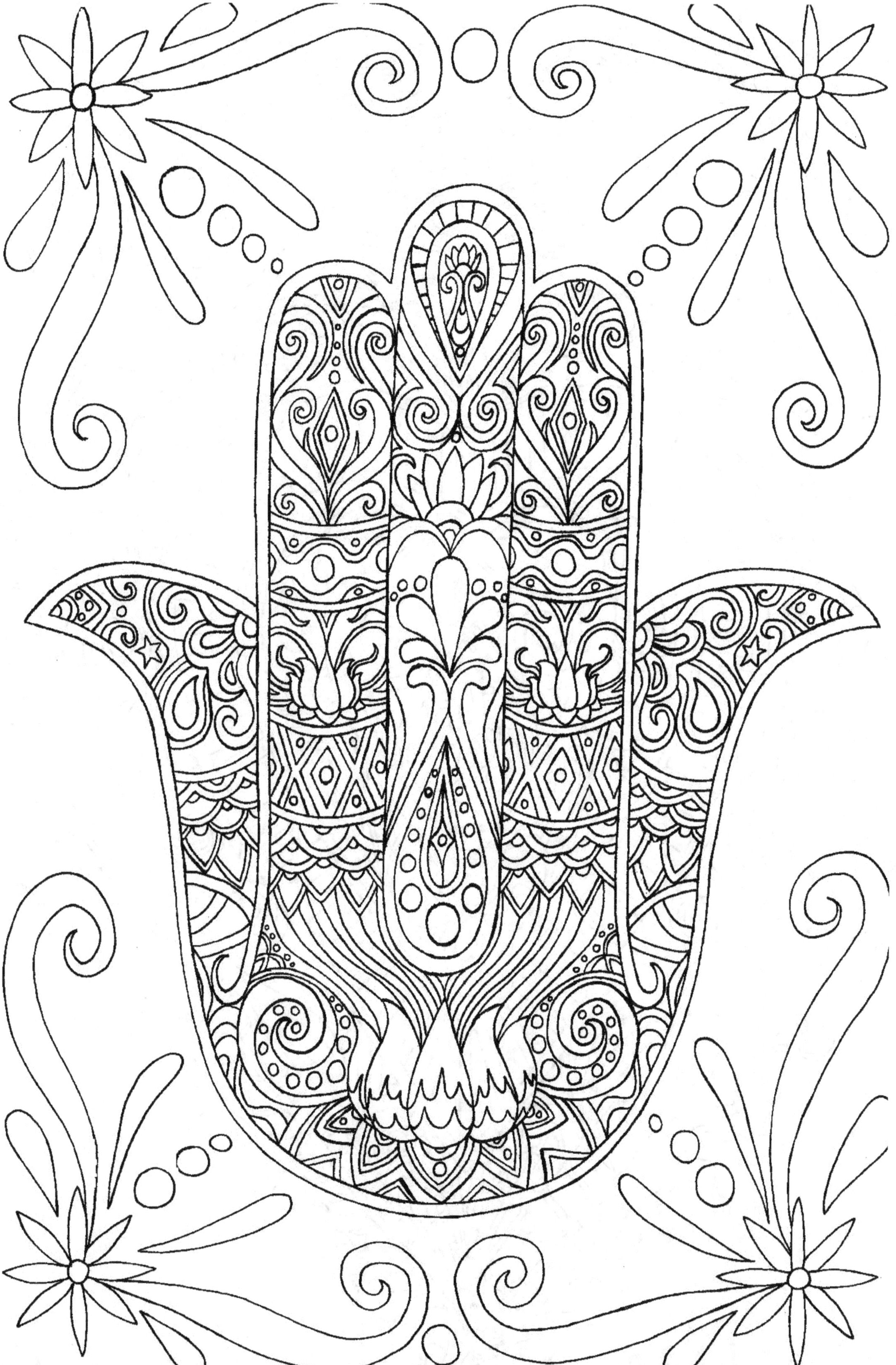

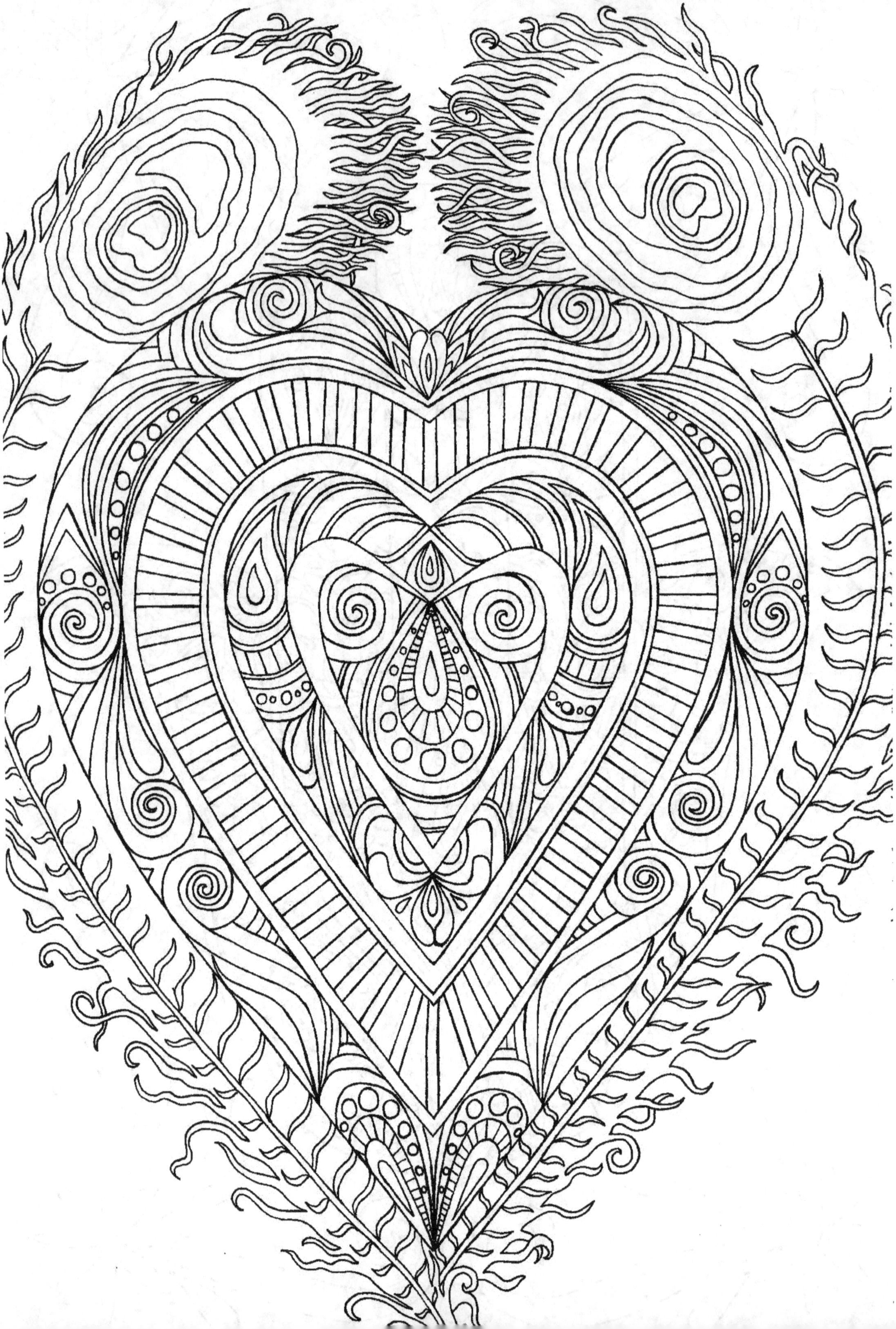

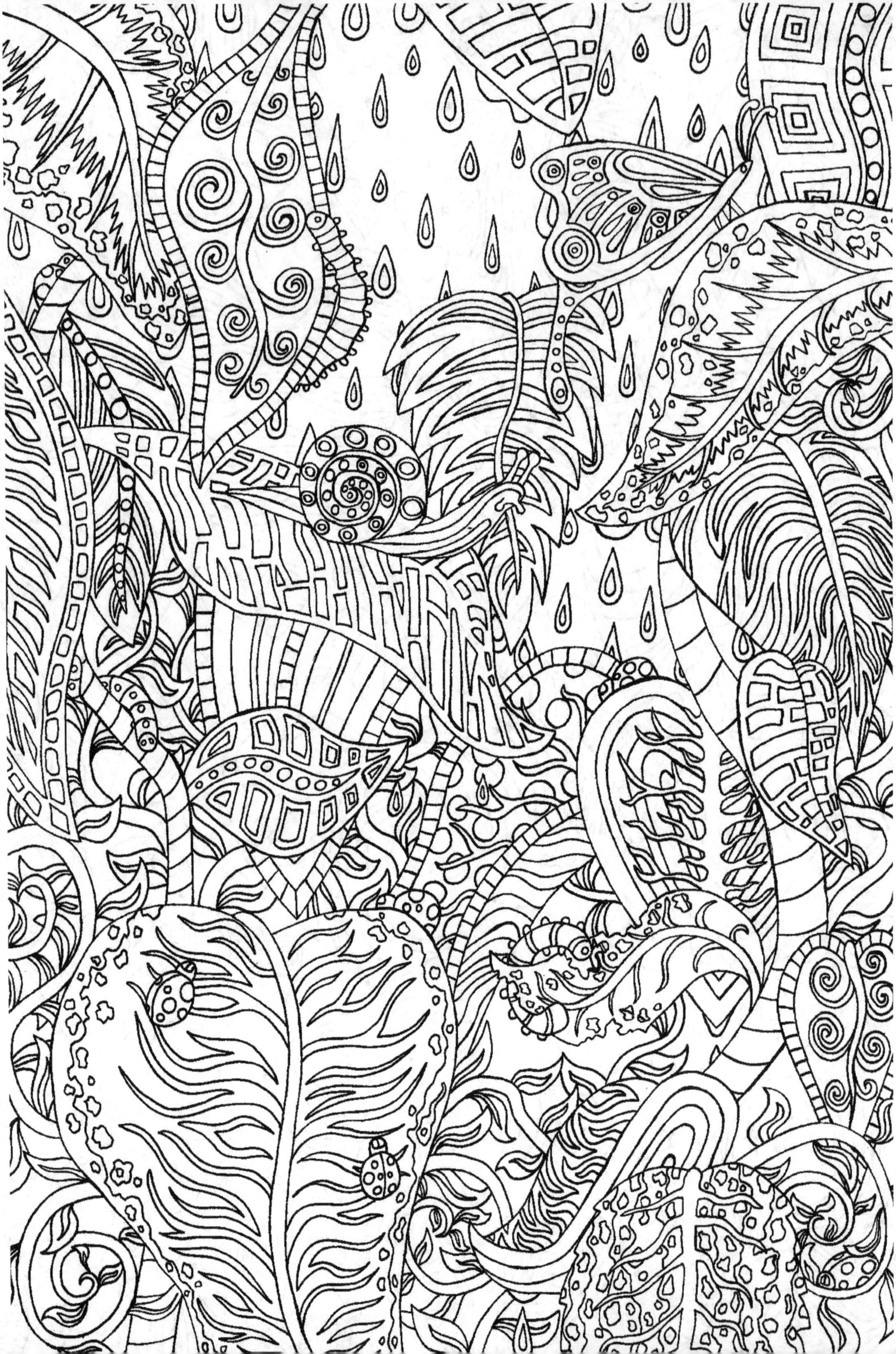

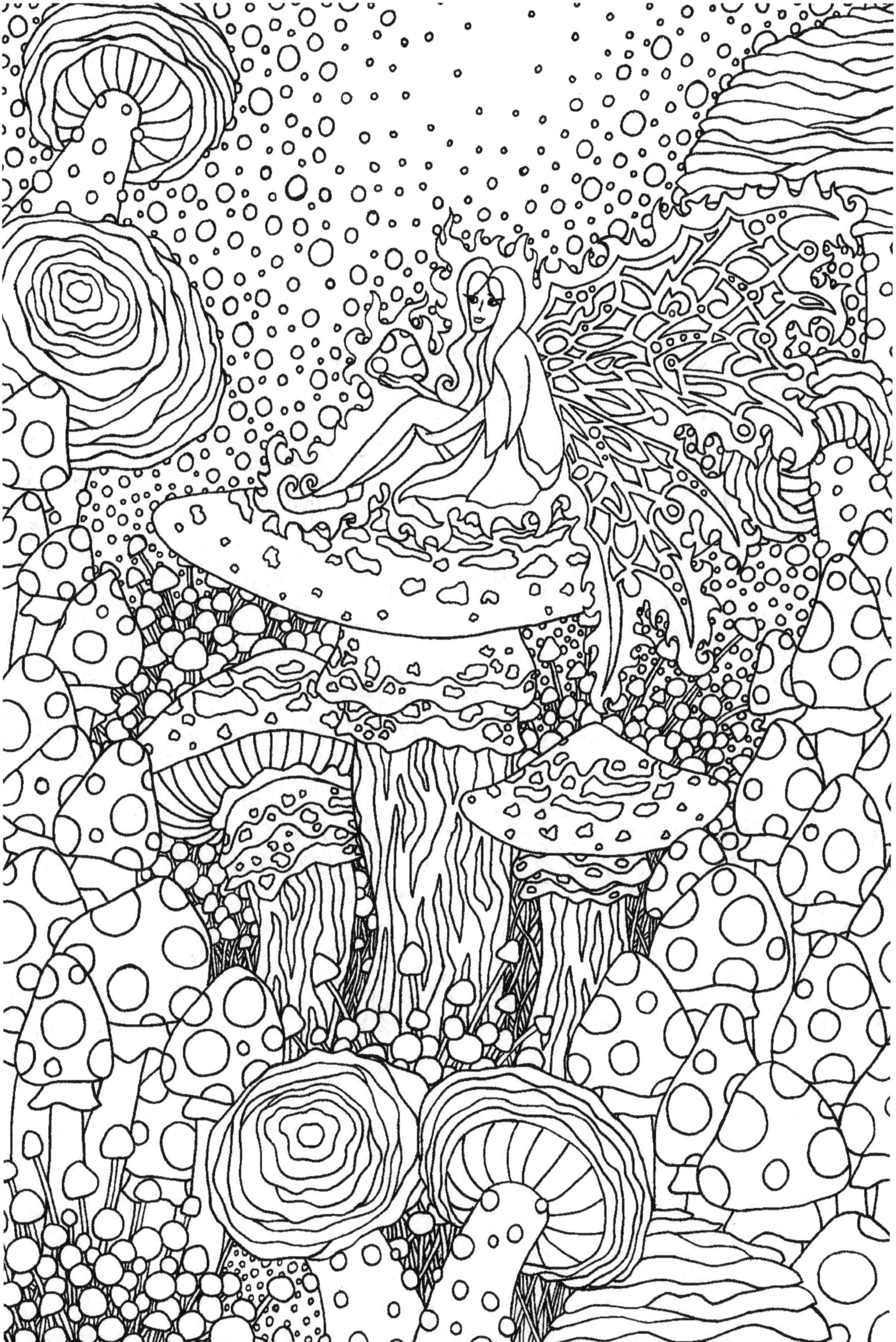

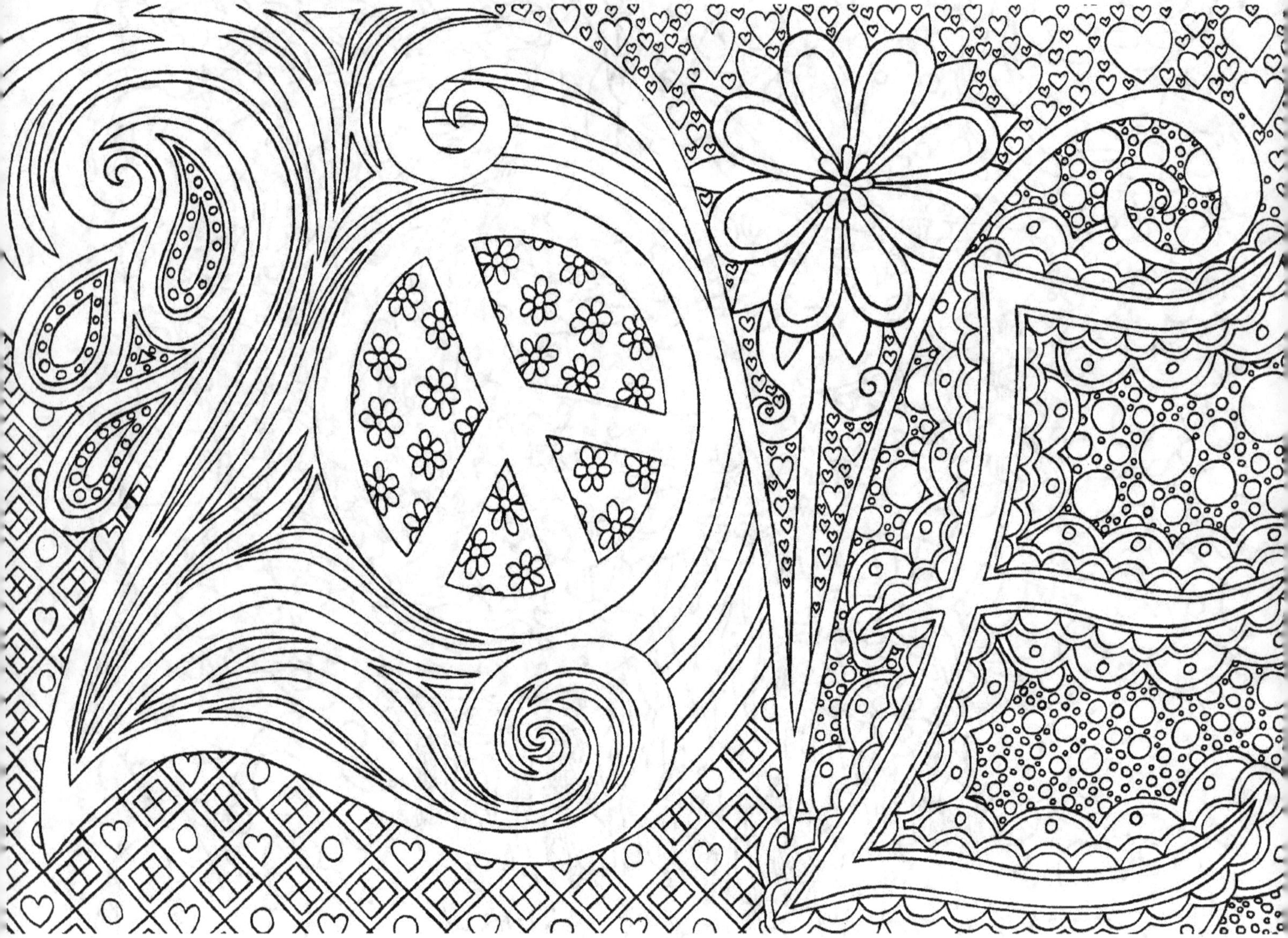
LOVE

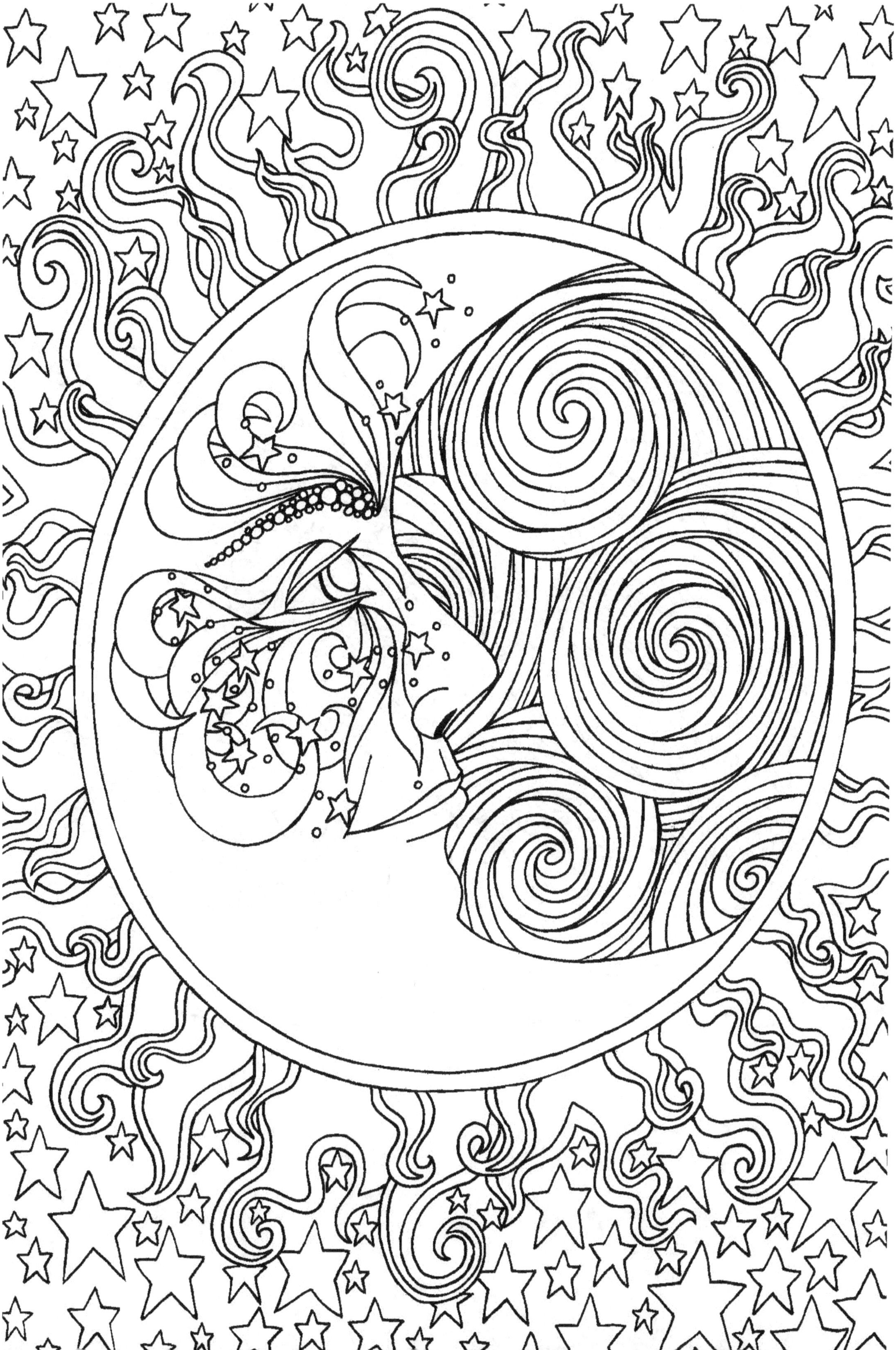

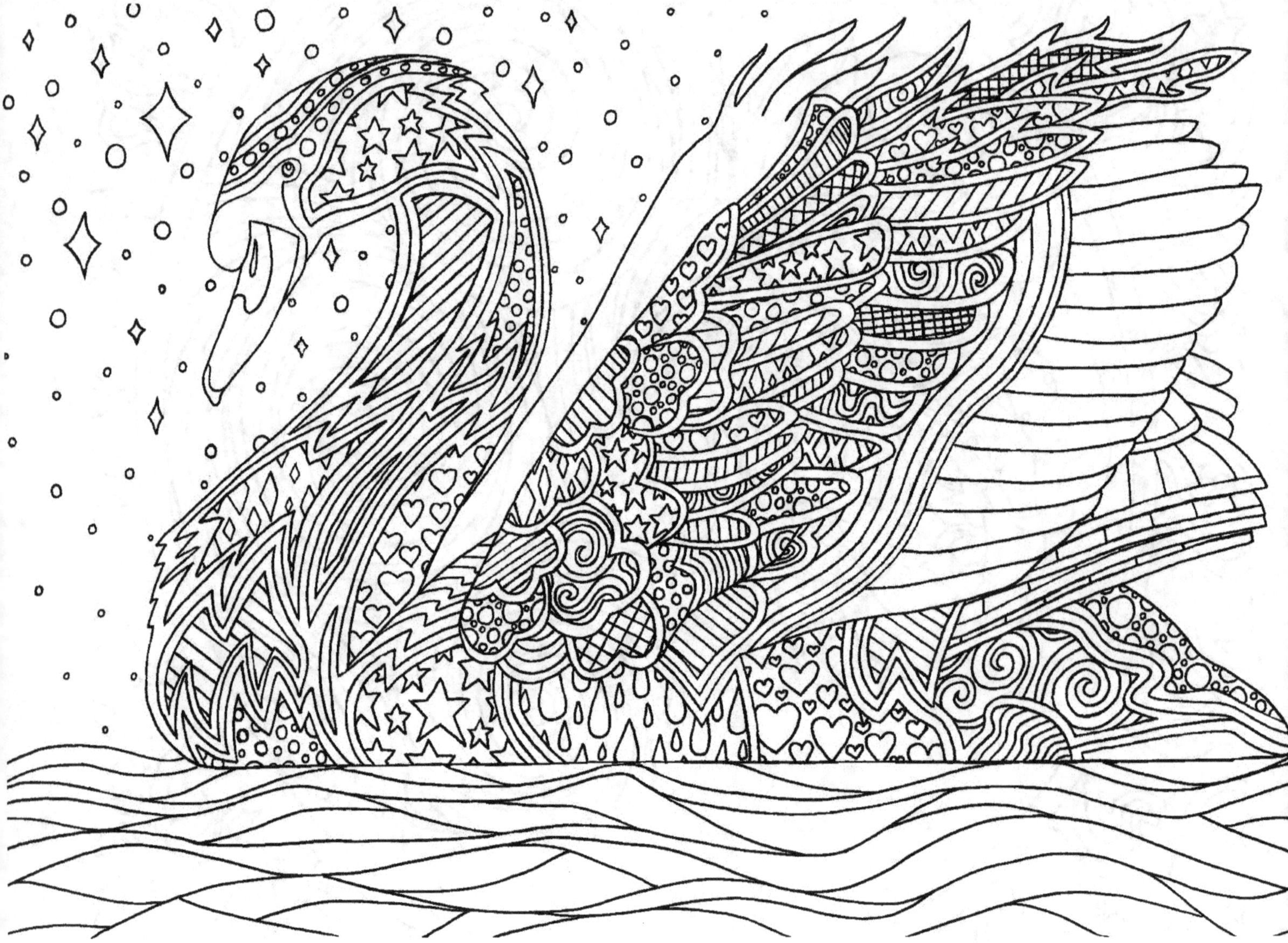

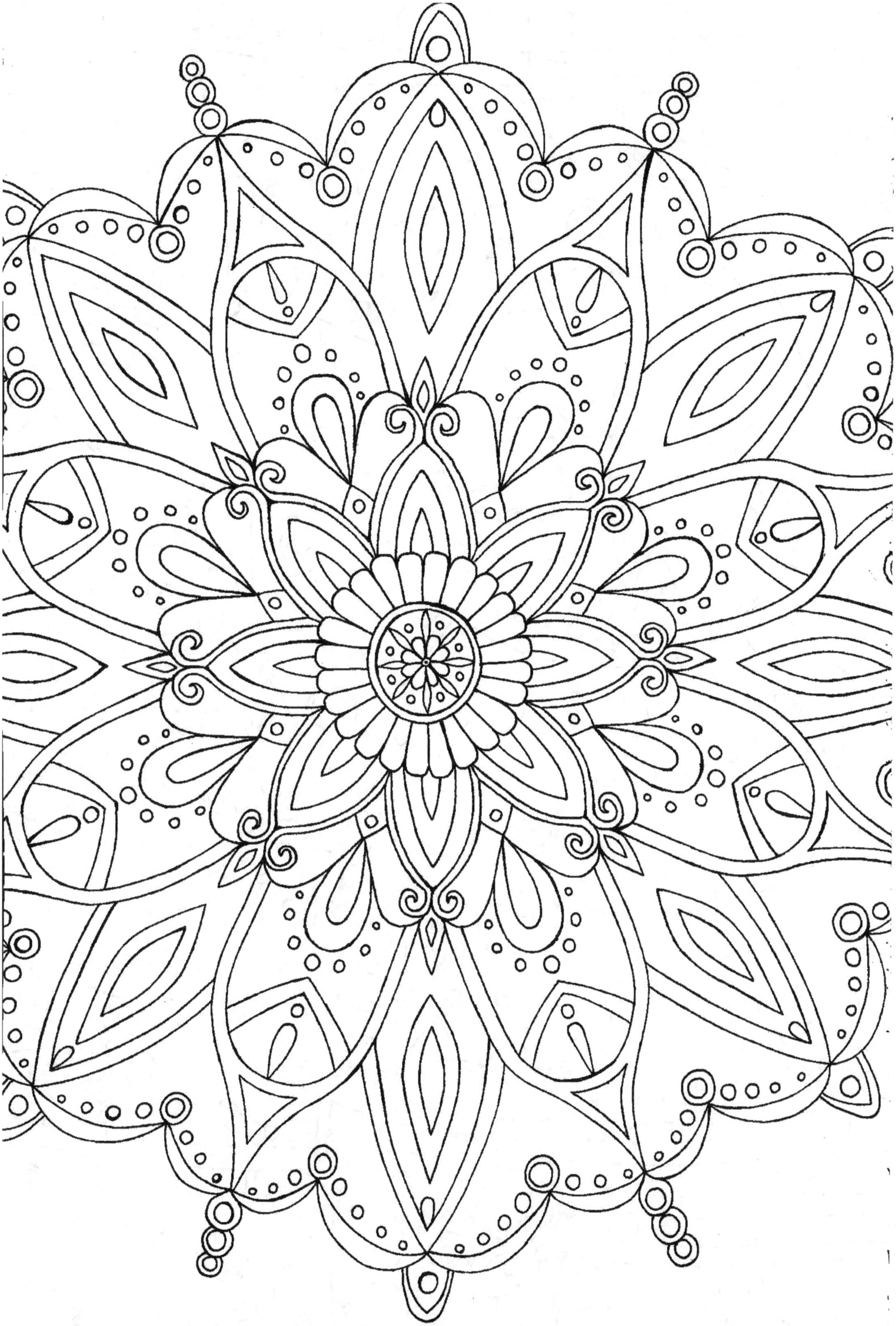

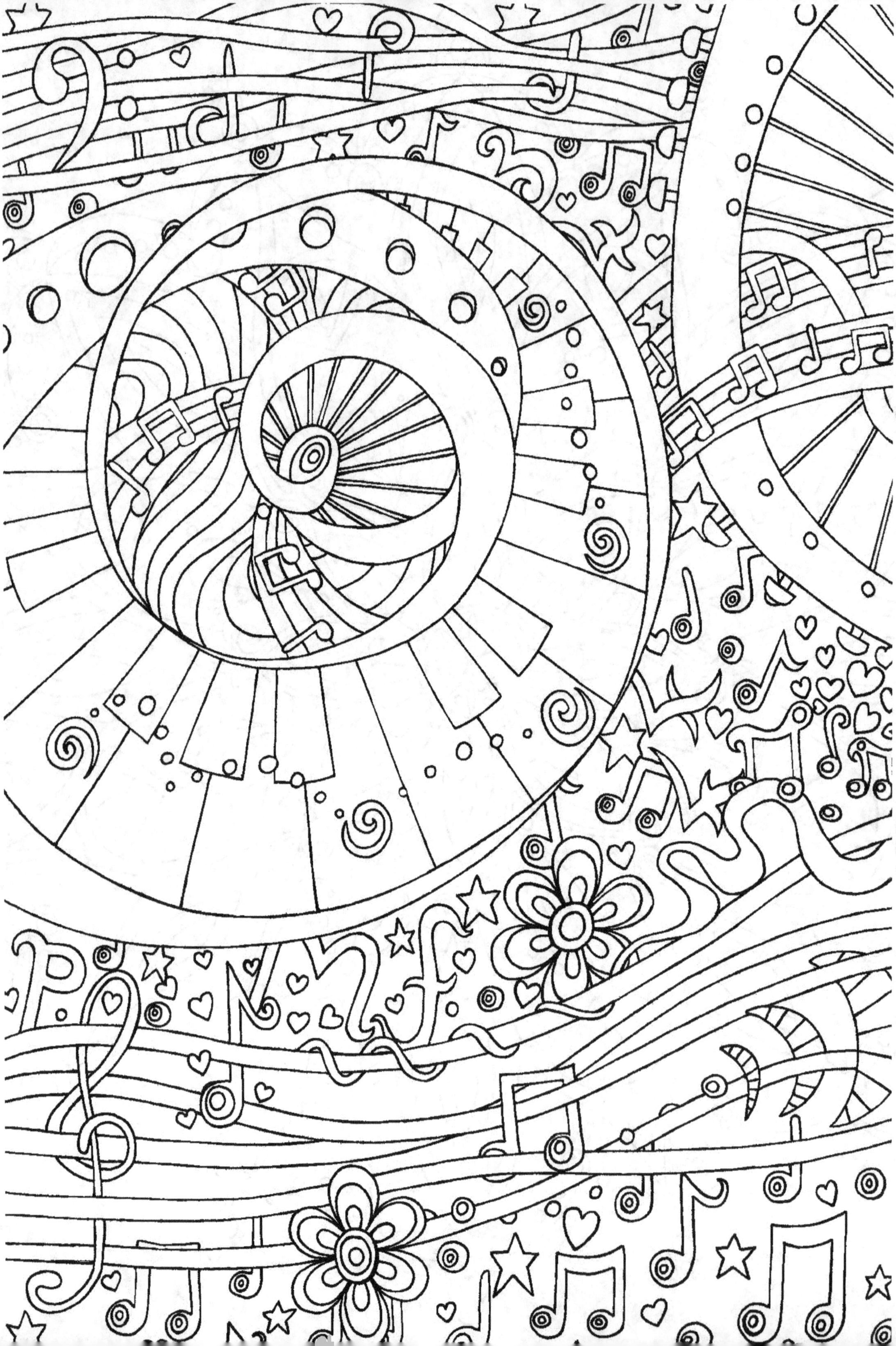

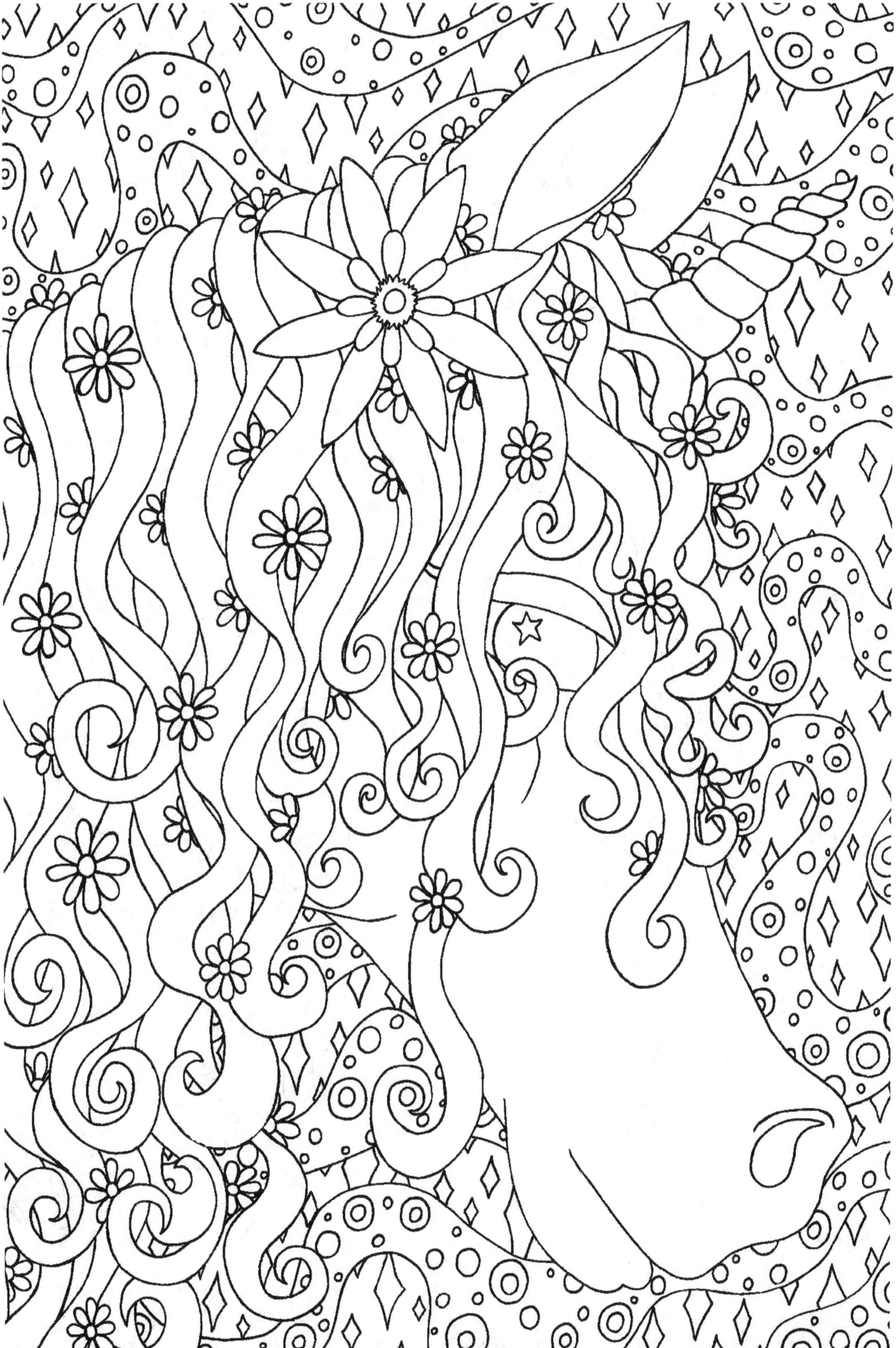

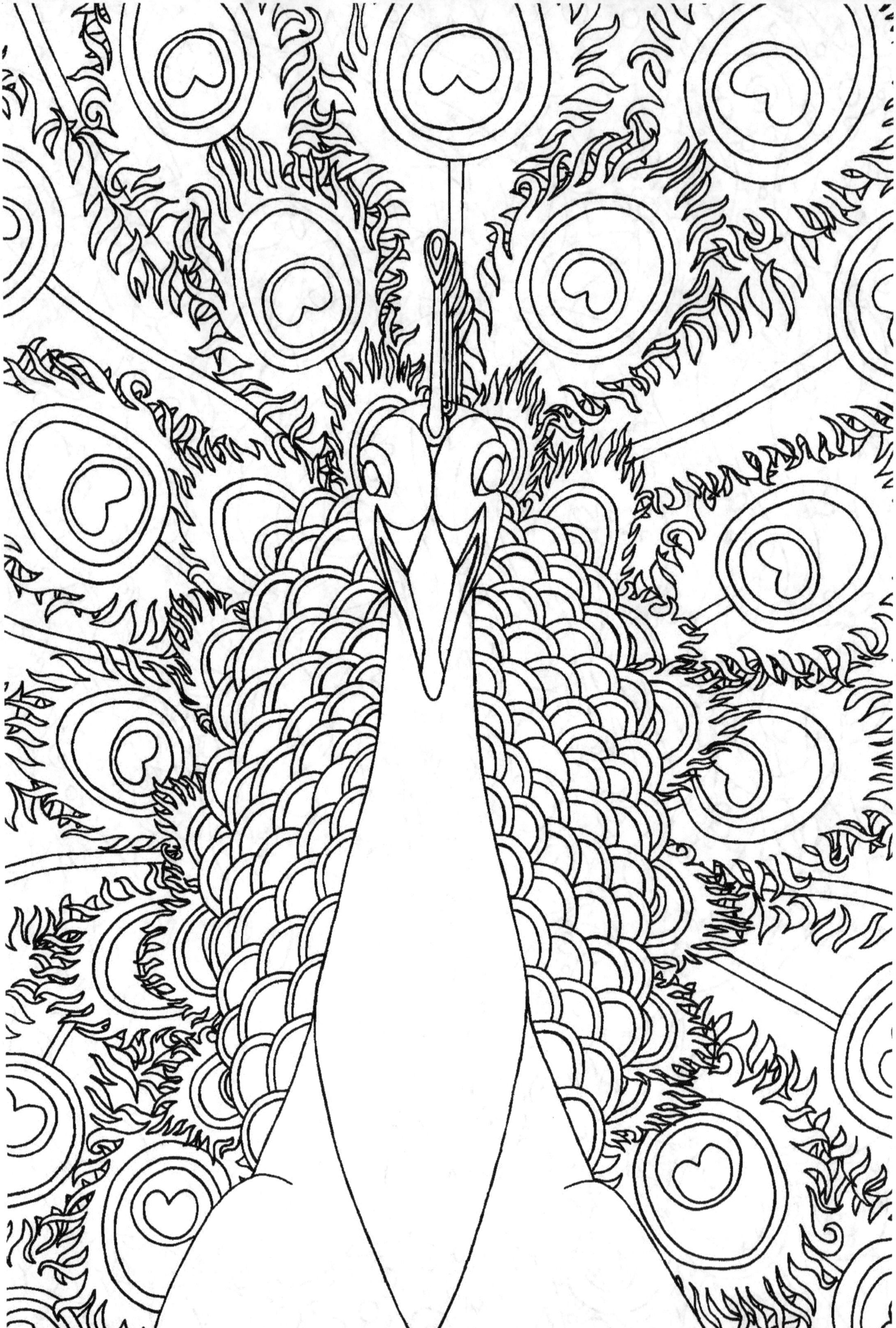

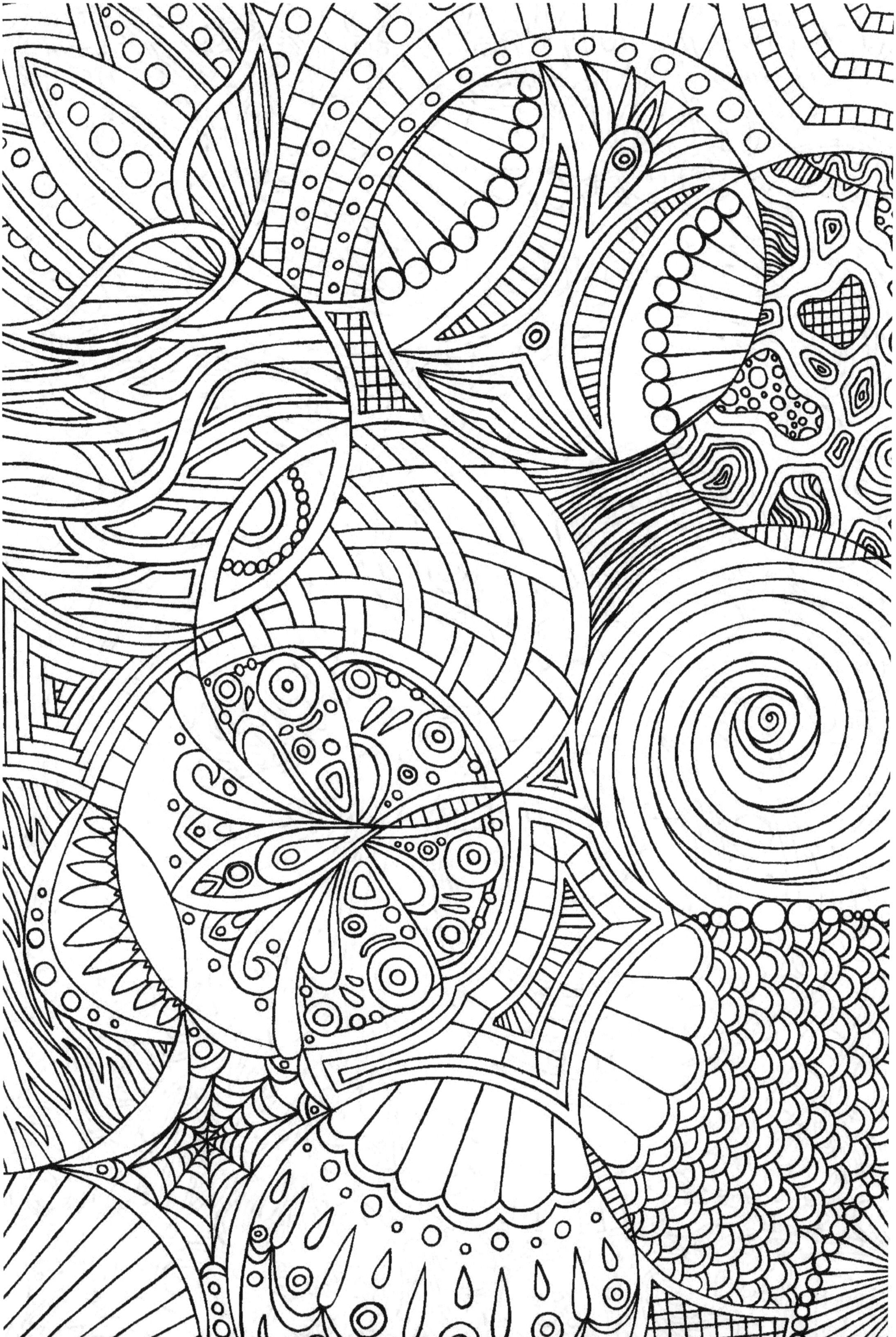

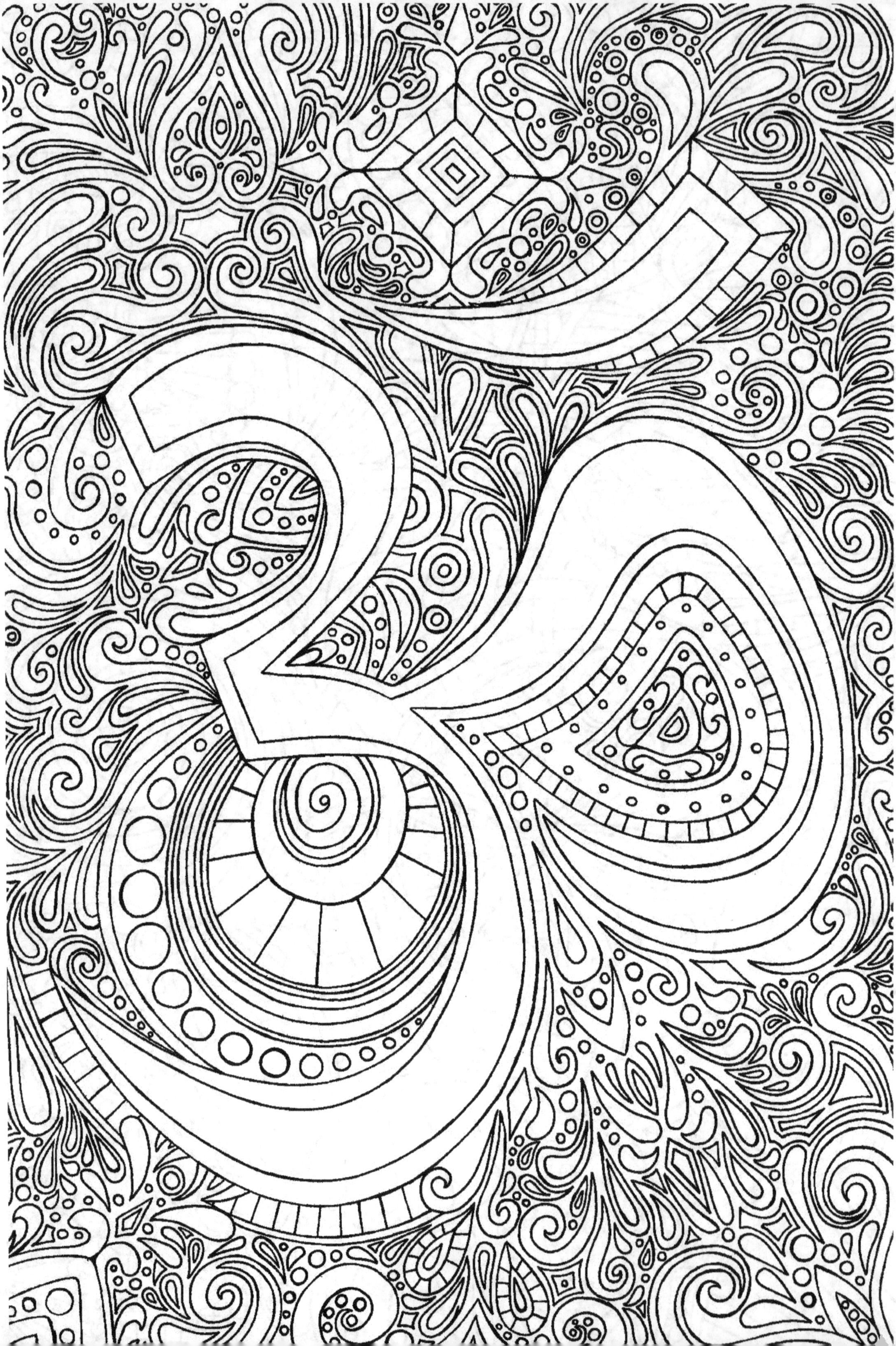

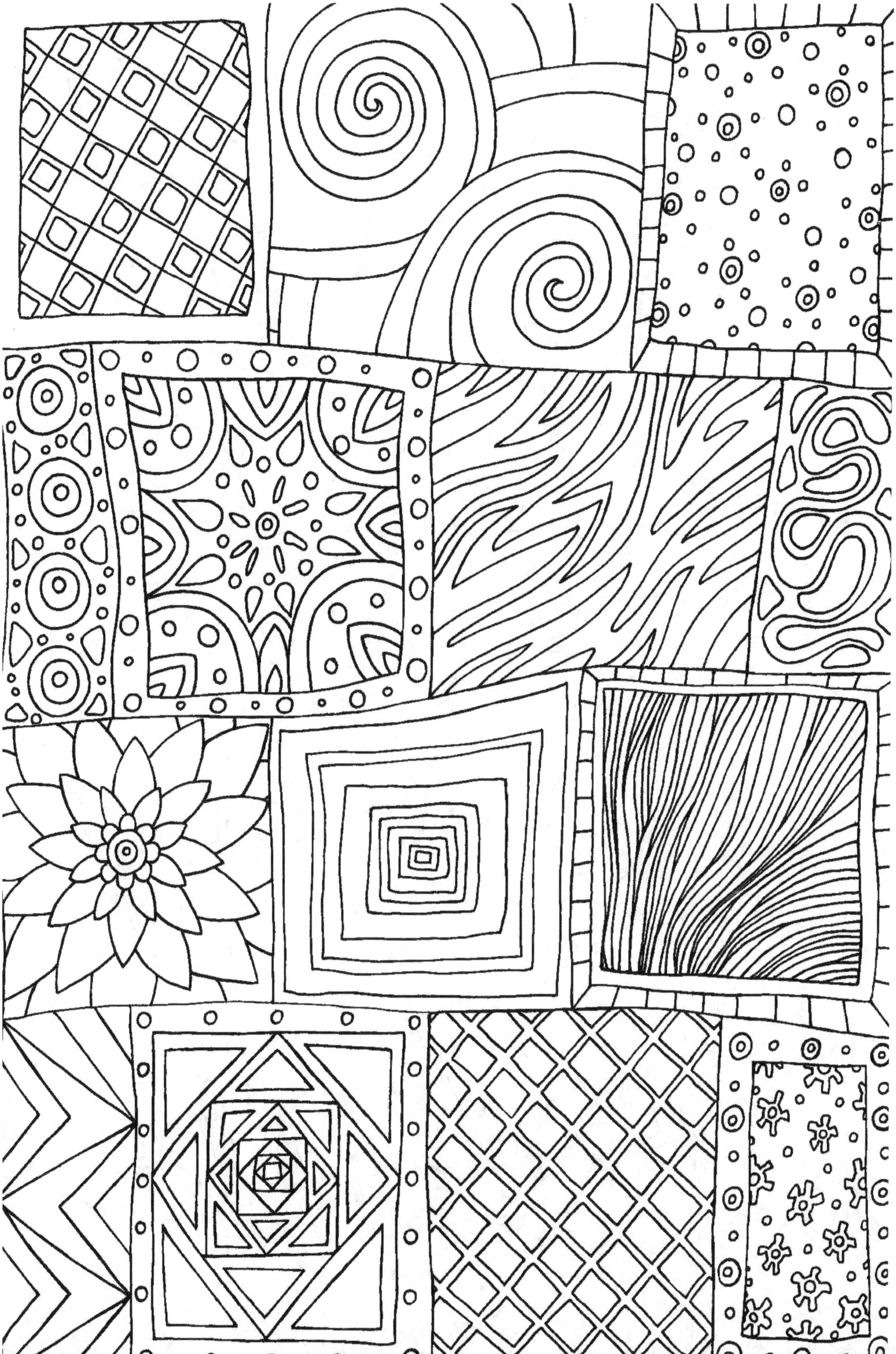

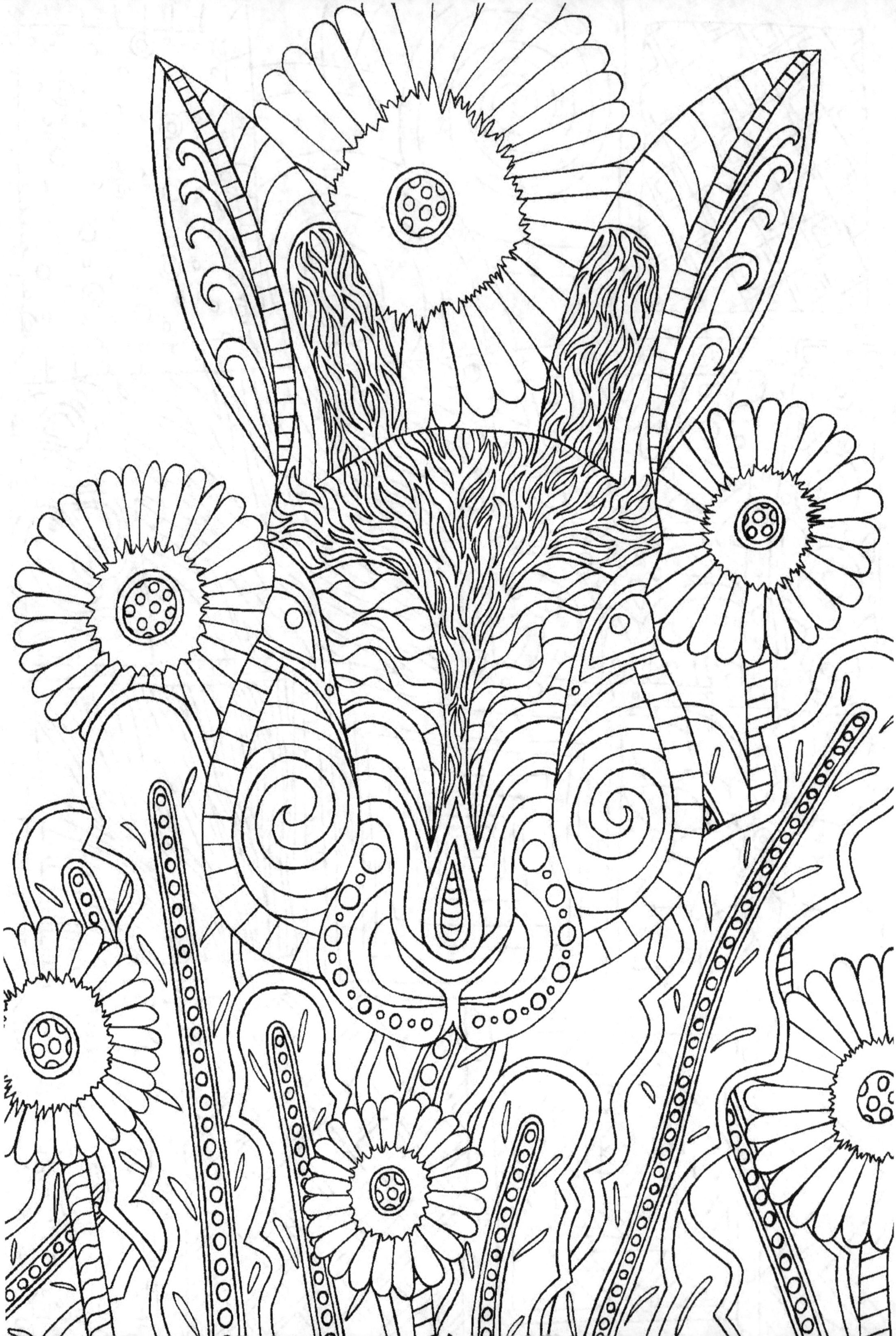

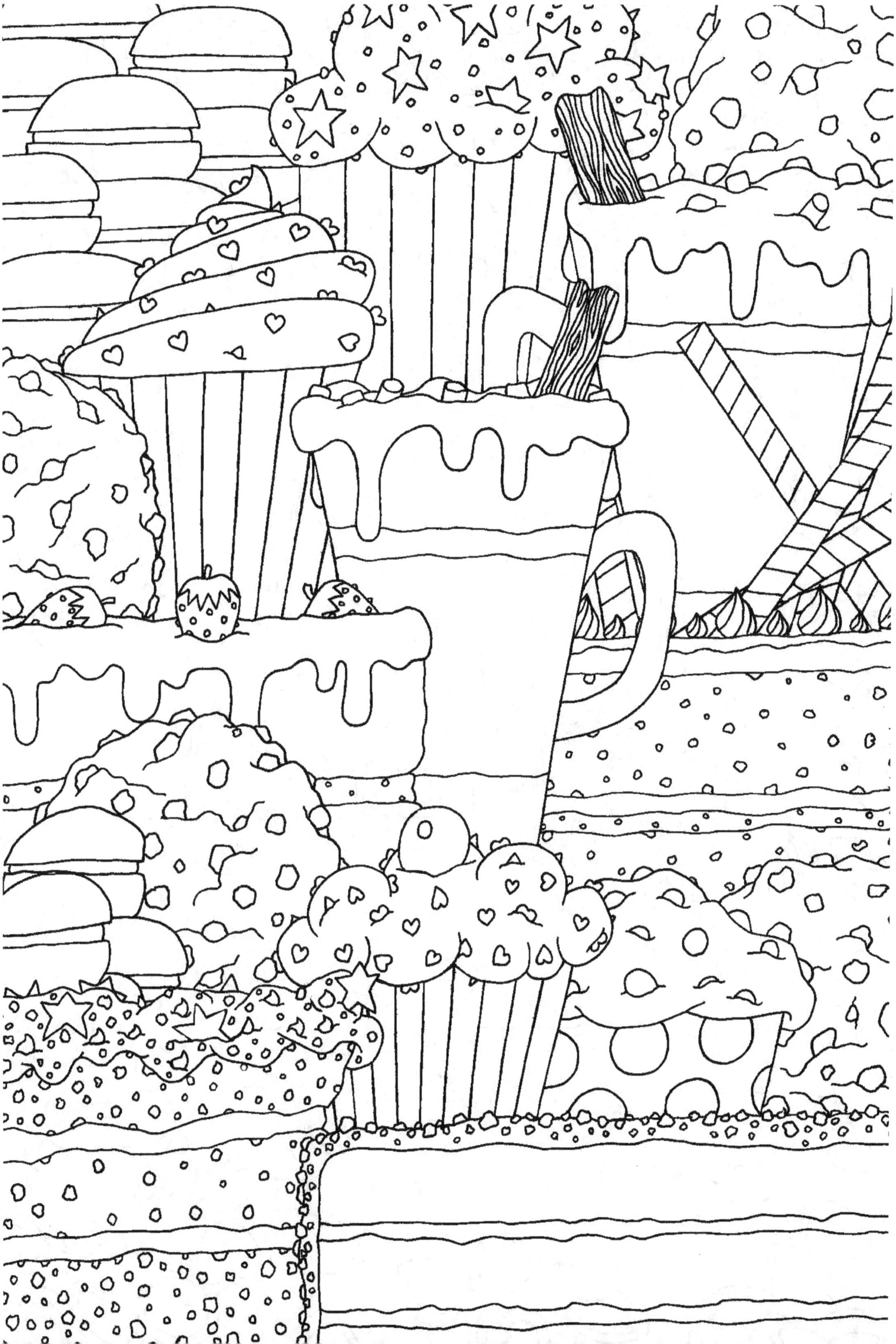

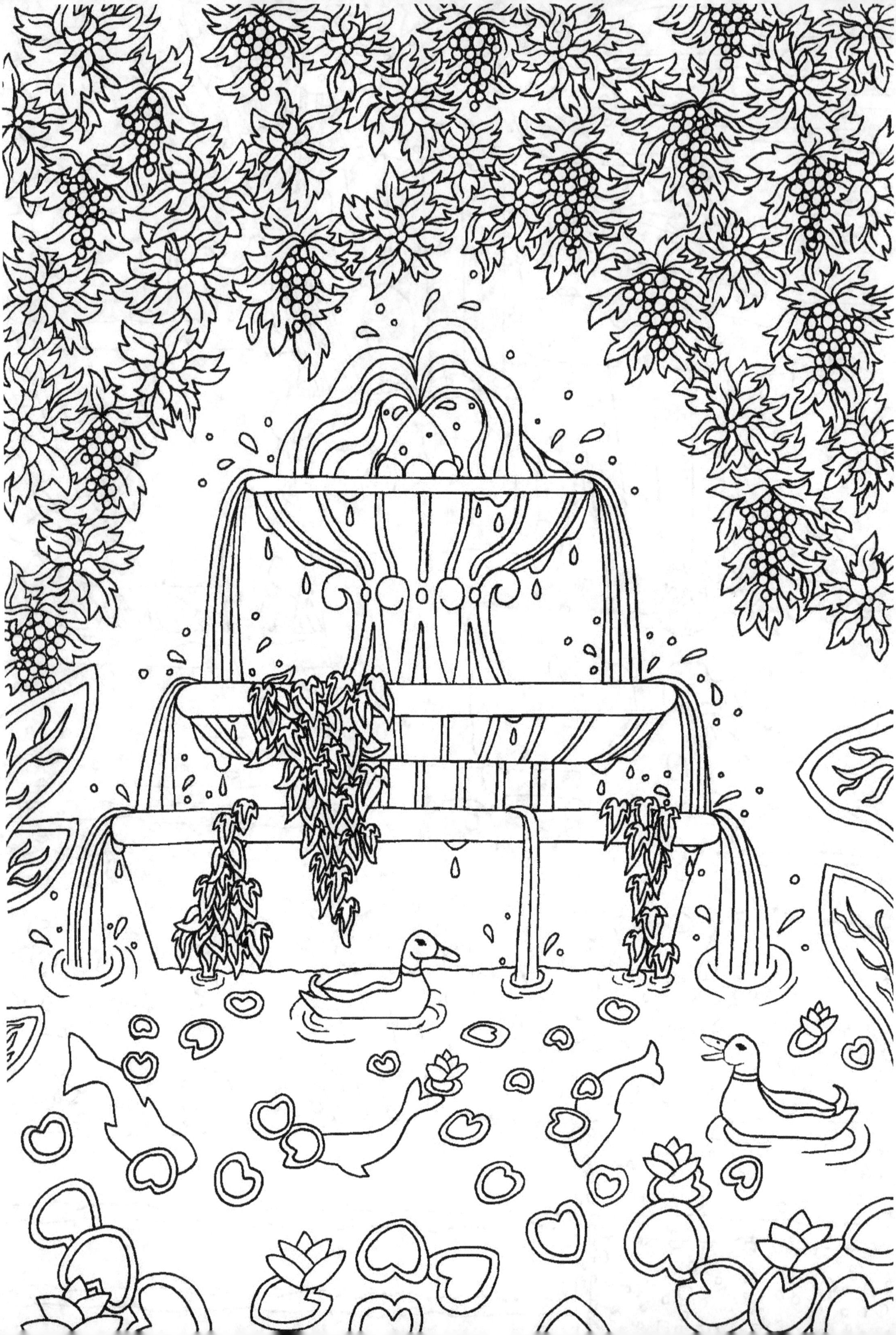

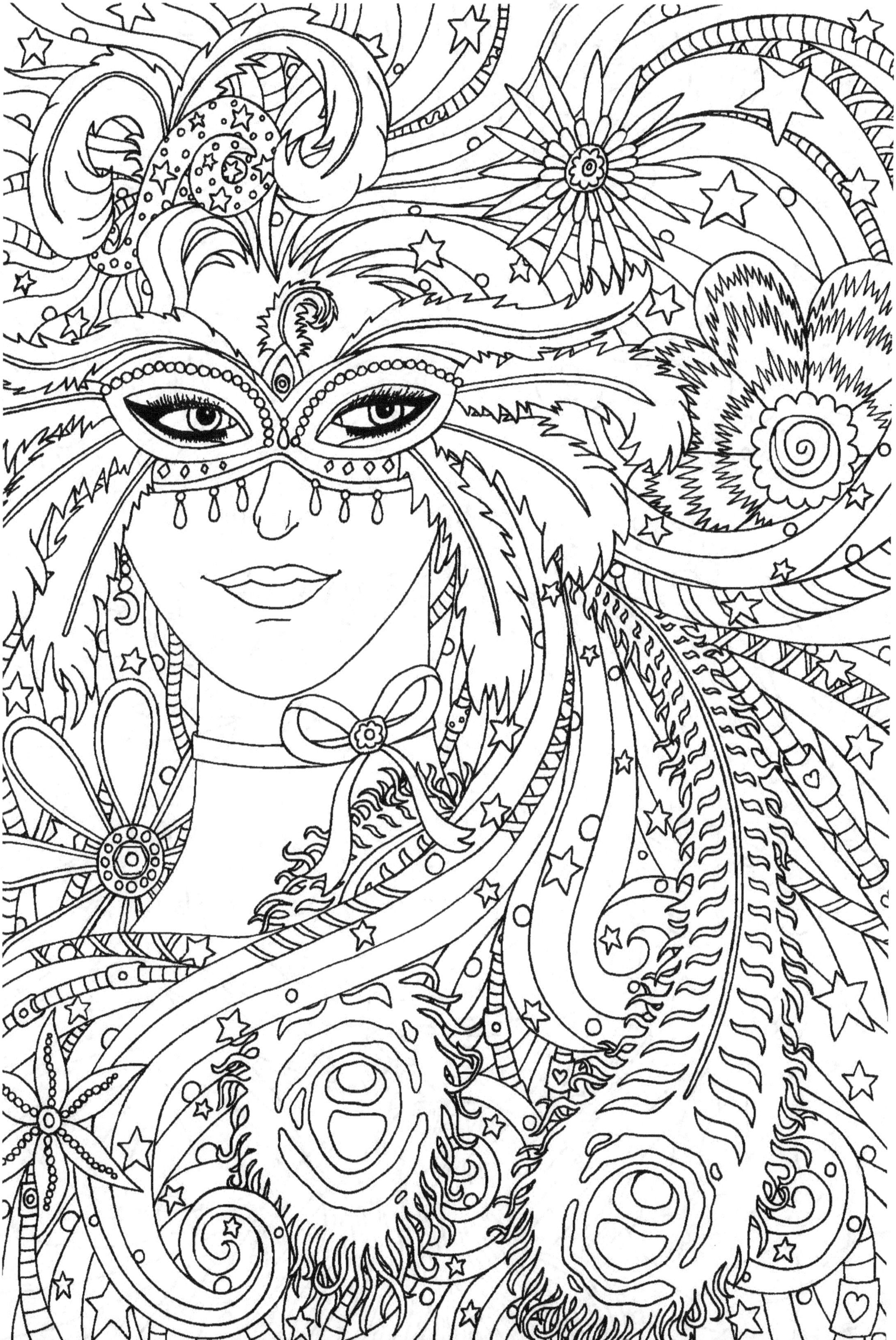

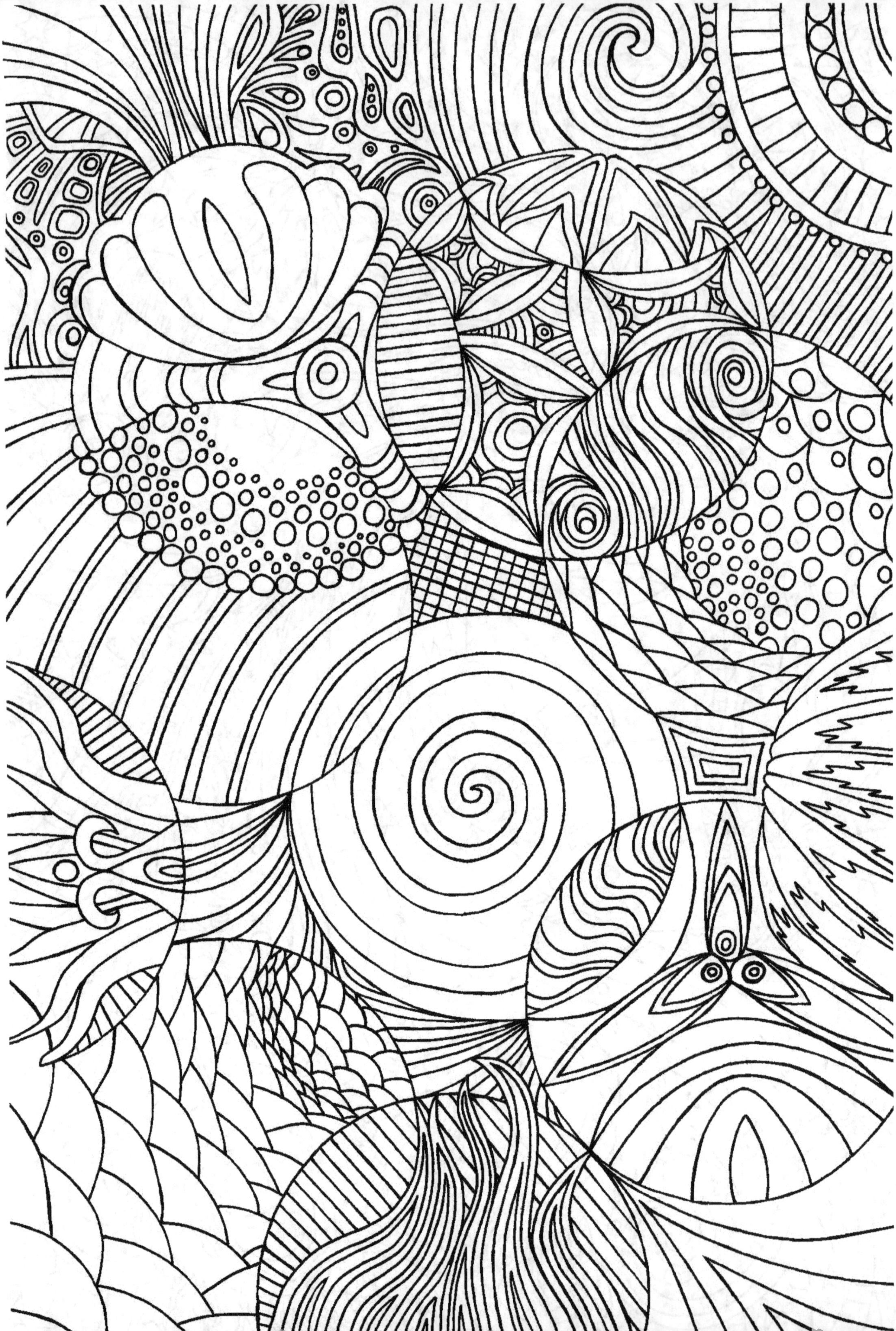

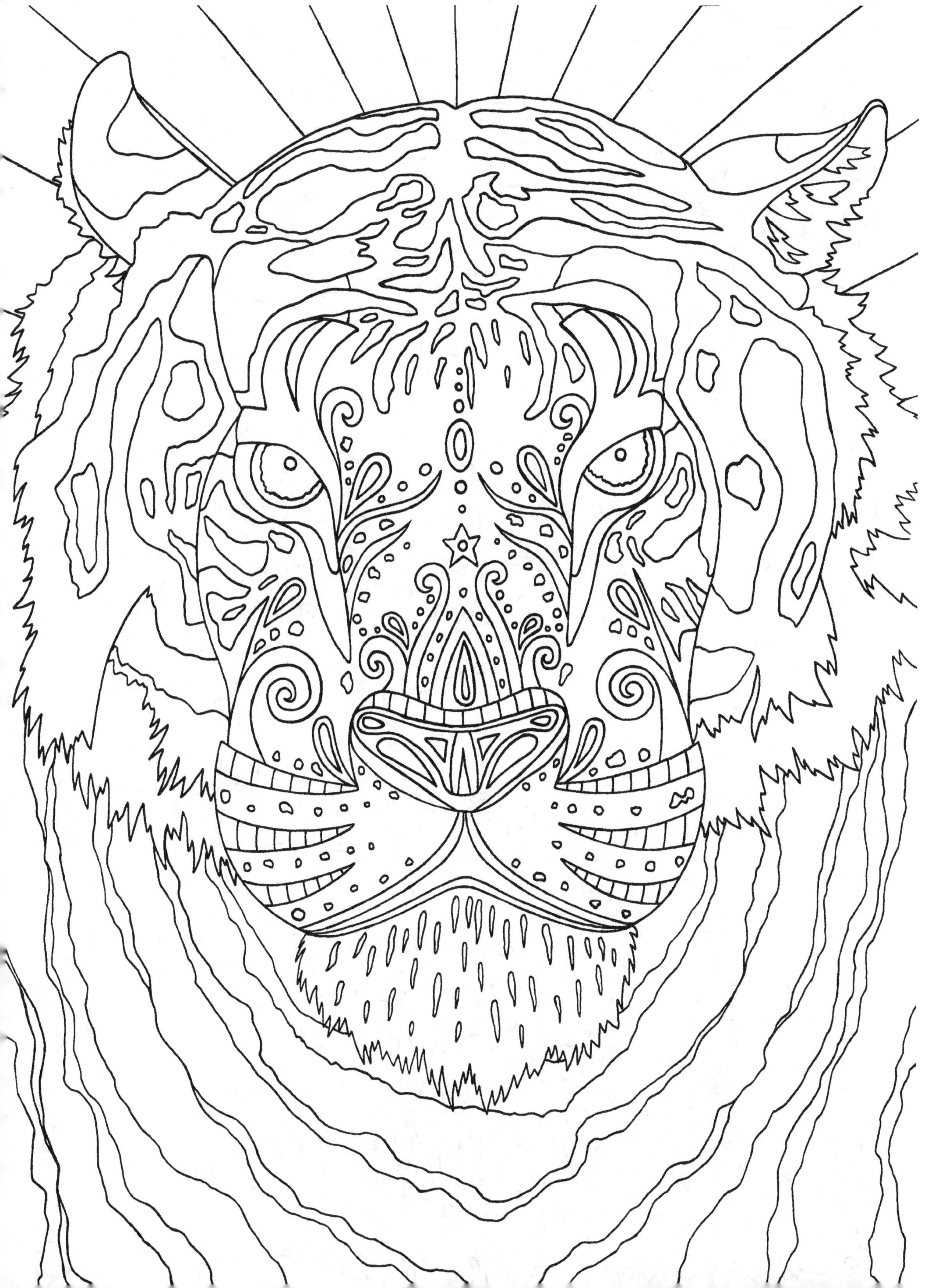

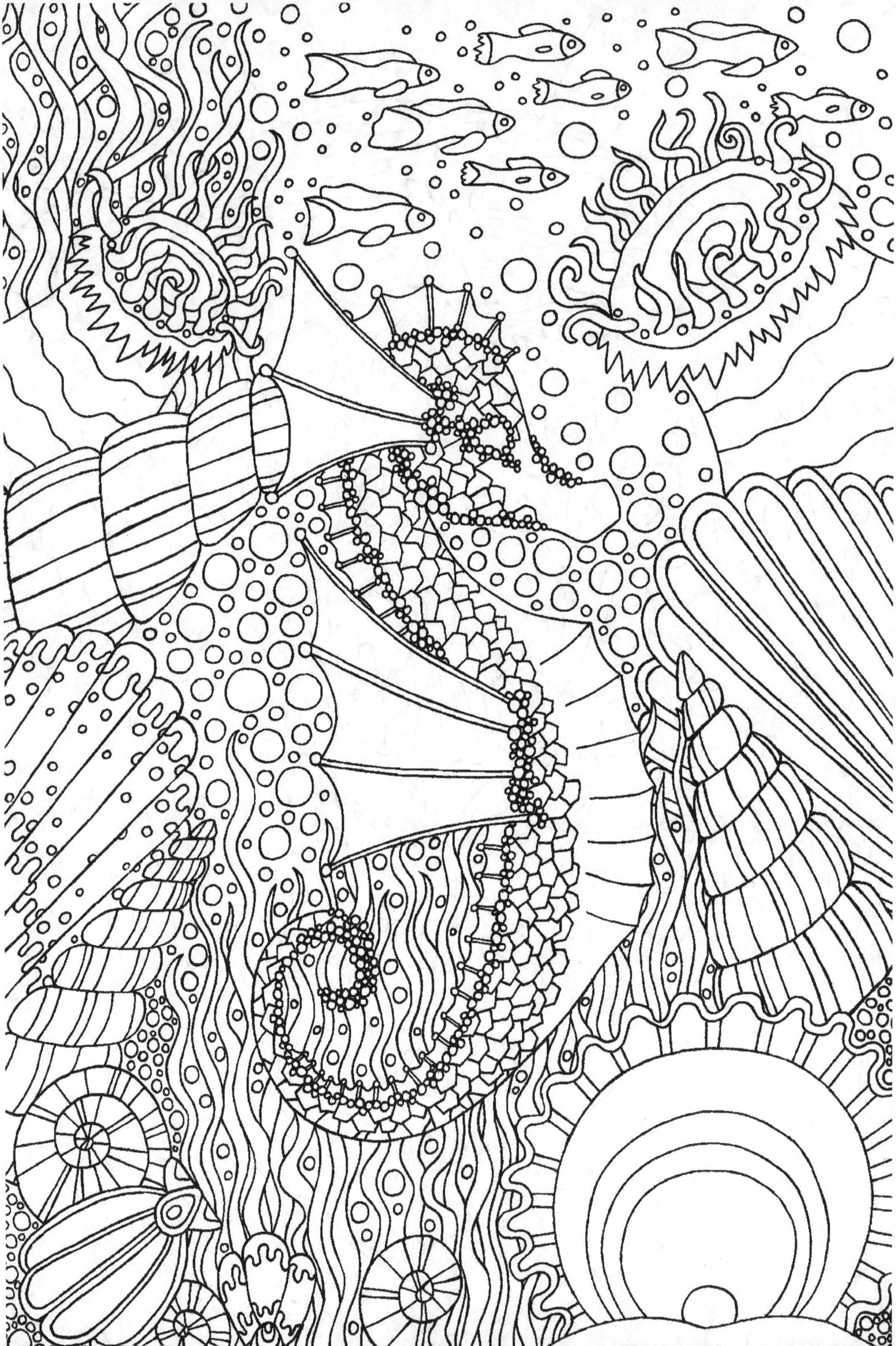

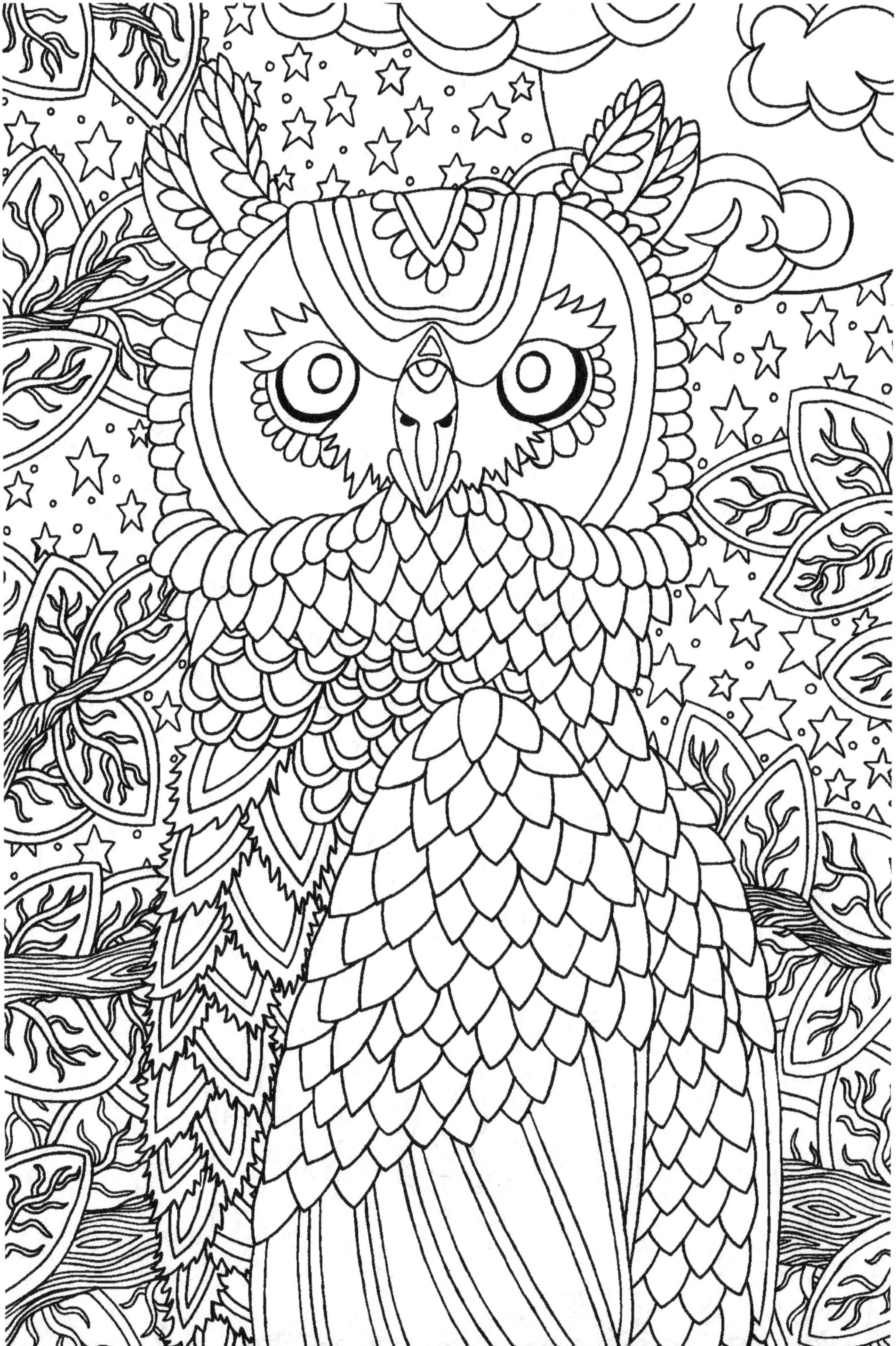

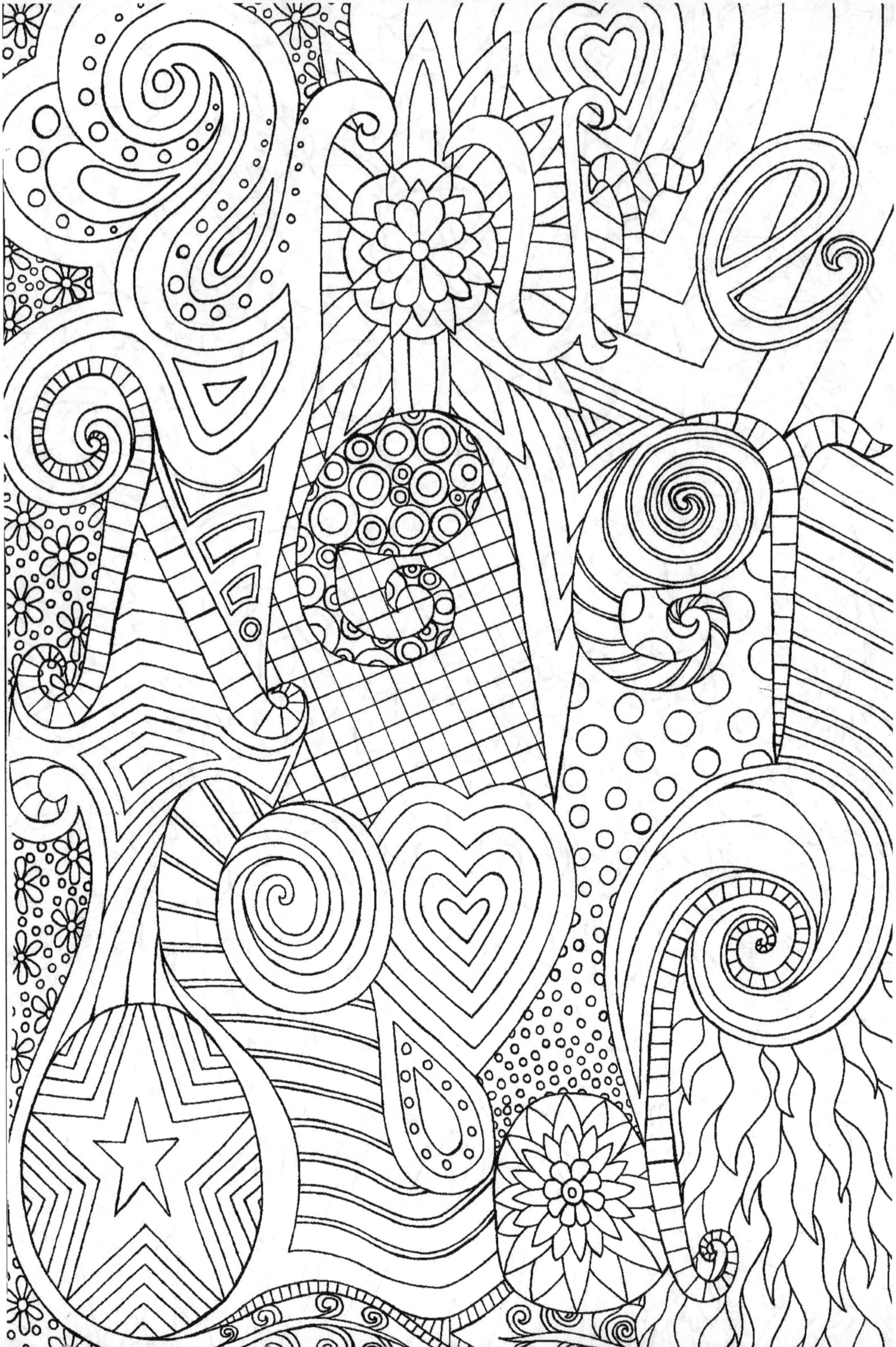

www.ingramcontent.com/pod-product-compliance
Lightning Source LLC
Chambersburg PA
CBHW081147170526
45158CB00009BA/2760
* 9 7 8 1 3 6 5 5 1 9 2 4 6 *